'26年版

内定者が本当にやった

究極の自己分析

別冊

※写真はイメージです。

書き込みシート

- ●第1部　書き込み式・フェイスシート
- ●第2部　自分史年表・書き込みシート
- ●第3部　自己分析のための性格診断・書き込みシート

別冊

矢印の方向に引くと取り外せます。

成美堂出版

今の自分　出身校などの基礎データ／学生生活／希望する勤務条件／志望する分野

別冊第1部［書き込み式・フェイスシート］

—2ページから—

フェイスシートとは「face：顔」、つまり自分の基礎的な部分を表す個人データです。まず、ここに挙げてある項目に書き込み、「今の自分」を目に見える形にしておきましょう。自己分析や業界研究とフィードバックしながら自分の「未来予想図」を描きましょう。

フィードバック

フィードバック

なりたい自分＝未来予想図

自己分析

自分史作りからのアプローチ
性格診断からのアプローチ

別冊第2部 [自分史年表・書き込みシート]

—8ページから—

自分の歩んできた歴史を顧みることは「今の自分」を分析する手がかりになります。また、エントリーシートのネタ探しもできます。なお、「0〜6歳」「7〜12歳」…と、大きく区分けをしていますが、書ける人は、本冊1章の例のように一部を1歳ずつ書いてみましょう。

別冊 第2部 [自分史年表・ 書き込みシート]

別冊第3部 [自己分析のための性格診断・書き込みシート]

—46ページから—

31個の質問に答え、周りの人たちと意見交換をしていくことで、「自分」を分析できるようになっています。

別冊 第3部 [自己分析のため の性格診断・書き込みシート]

フィードバック

業界研究 （本冊5章参照）

「日ごろ愛用または関心のあるサービスから」「適性との照合やリスク面から」志望先を絞り込む。「日ごろの関心」は自分史から、「適性との照合」は性格診断から探る。

まずはこのフェイスシートに書き込み、自己分析や業界研究にフィードバックしながら「未来予想図」を考えてください。

例えば、みなさんは未来の「昇進パターン・転勤の有無や頻度・年数・結婚・出産（とくに女性）・親の介護など」について、どのように予想または希望するでしょうか。

とくに「転勤」については、よく考えておく必要があります。転勤をどう思うか。転勤を嫌う人は、業界・職種より転勤の有無から志望を決めなければなりま

[フェイスシート(基礎データ)]

■出身中学（公立／私立）

_____

■出身高校（公立／私立）

_____

■大学・大学院（学部・学科／所属ゼミ／卒論のテーマなど）
[令和＿＿年3月卒業見込み／既卒]

□ 大学／大学院：_____

□ 学部：_____

□ 学科：_____

□ 所属ゼミ：_____

□ 卒論のテーマ：_____

□ その他：_____

■職歴（既卒の場合）

□ 令和　（西暦　　　）年3月　　　　　大学　　　　学部卒業

□ 令和　（西暦　　　）年　月　　　　　　　　　　入社

　　　　　　　　　　　　　　　　　　　　　　　　に配属

フェイスシート]

せん。別の都道府県への転勤がない仕事には、地場企業・地方新聞・地方放送局・地銀・県庁・市町村・教員などが挙げられますが、地場企業でも、東京などに営業所や支社がある場合があるので注意が必要です。

　逆に、どうしても東京で仕事をしたい人は、転勤の少ない都庁の職員・東京都の教員・警視庁の警察官や事務職員・東京消防庁の消防吏員や職員、また民間なら、広告代理店・出版社・印刷会社・シンクタンク（○○総研などの名前の会社）などを志望するのがいいと思います。

[記入例（このように書き込む）]

■出身中学（公立／私立）

　世田谷区立○○中学校 ←学校名などは通称ではなく、必ず正確に記入する

■出身高校（公立／私立）

　東京都立○○高等学校

■大学・大学院（学部・学科／所属ゼミ／卒論のテーマなど）
[令和 ○○ 年3月 卒業見込み／既卒]

□ **大学／大学院**：○○大学

□ **学部**：政経学部

□ **学科**：経済学科

□ **所属ゼミ**：鈴木一郎（教授氏名）ゼミ

□ **卒論のテーマ**：経済理論と財政について

□ **その他**：

■職歴（既卒の場合）

□ 令和 ○○（西暦 20○○ ）年3月　　　　○○大学　　政経学部卒業

□ 令和 ○○（西暦 20○○ ）年4月　　　　株式会社○○商事入社

　　　　　　　　　　　　　　　　第一営業本部第二課に配属

■サークル・部活動・特技・資格・留学経験・得意な語学・ボランティア体験など

□ サークル _____

□ 部活動 _____

□ 特技 _____

□ 資格 _____

□ 留学経験 _____

□ 得意な語学 _____

□ ボランティア体験 _____

□ その他 _____

■Uターンの希望の有無

□ 希望する　　□ 希望しない

理由：_____

_____

■Jターン※1の希望の有無

□ 希望する　　□ 希望しない

理由：_____

_____

■Iターン※2の希望の有無

□ 希望する　　□ 希望しない

理由：_____

_____

■プライベートと仕事の区別は重視するか

□ 重視する　　□ 重視しない

理由：_____

_____

■年収や生涯賃金にこだわるか

□ こだわる　　□ こだわらない

理由：_____

_____

※1 大都市の大学を卒業し、故郷近くの地方都市などで就職すること

※2 卒業大学の所在地など、故郷以外の地域で就職すること

[記入例(このように書き込む)]

■サークル・部活動・特技・資格・留学経験・得意な語学・ボランティア体験など

□ **サークル** テニスサークル

□ **部活動** (高校)バドミントン部　(大学)なし

□ **特技** どこでもすぐに寝られること。好き嫌いがないこと

□ **資格** 普通自動車第一種運転免許、TOEIC®L&Rテストスコア 720点

□ **留学経験** なし

□ **得意な語学** 英語

□ **ボランティア体験** 3年生の夏休み、○○に2週間

□ その他

■Uターンの希望の有無←例のように親の理解・親の介護も考慮する(とくに一人っ子)

☑ 希望する　　□ 希望しない

理由：両親が高齢のため

■Jターンの希望の有無←例は鹿児島出身で東京の大学なのに、福岡の会社に入りたい場合

☑ 希望する　　□ 希望しない

理由：なるべく地元で就職したい

■Iターンの希望の有無

☑ 希望する　　□ 希望しない

理由：環境の良いところで生活していきたい
　　　↑例は九州の出身で東京の大学なのに、出身とも違う北海道の会社に入りたい場合

■プライベートと仕事の区別は重視するか

□ 重視する　　☑ 重視しない

理由：○○○○○○○○○○○○○○○○○○○○○○○○○○○○○○○○
　　　↑マスコミにはなく、一般企業にはある程度あり、公務員にはたくさんある

■年収や生涯賃金にこだわるか

☑ こだわる　　□ こだわらない

理由：○○○○○○○○○○○○○○○○○○○○○○○○○○○○○○○○

志望（興味・関心のある）分野はどれか（とりあえずは印をつけておくこと）

【公務員（国およびその関連団体レベル）】

☐ 総合職・一般職などの事務職員（財務省などの各省や警察庁などの中央官庁）

☐ 自衛隊員

☐ 海上保安庁職員

☐ 税務署職員

☐ ＮＨＫ職員

☐ ＪＲＡ職員

☐ ＮＥＸＣＯ職員など

☐ 公務員（都道府県および東京23区、政令指定都市レベル※1）

☐ 都道府県庁・政令指定都市職員

☐ 警察官（各都道府県にある。「警視庁」は東京都の警察）

☐ 教員

☐ 図書館司書（都道府県立図書館）

☐ 学芸員

☐ 公務員（市町村レベル。政令指定都市を除く）

☐ 一般職員

☐ 消防署員

☐ 図書館司書

☐ 学芸員

☐ 財団法人職員（例：鉄道弘済会、塩事業センター）

☐ 農協関係※2

※1 政令指定都市とは、大阪市・横浜市・名古屋市・福岡市・札幌市・仙台市・神戸市・川崎市・
　　北九州市・静岡市・新潟市・千葉市・さいたま市などの、人口50万人を超える大都市で、都
　　道府県から権限を大きく任されている自治体を指す。

※2 農協は非常に大規模な組織。漁協も同じ。全中（全国農業協同組合中央会）・農林中央金庫（農
　　協の金融部門）・全国農業協同組合連合会（商社部門）・日本農業新聞（農協の新聞社）・家の
　　光協会（農協の出版社）。

[一般企業]

□ 水産・農林・鉱業

〈メーカー〉

□ 建設

□ 食品

□ 繊維・紙・パルプ・化学

□ 医薬品（メーカーには作るだけでなく、MR［医薬情報担当者］という医師や薬剤師・病院に訪問販売する専門の営業職もある）

□ タイヤなどのゴム業、自動車・建築物などのガラス業（セラミックも含めて「窯業」ともいう）

□ 鉄鋼・金属（建設土木や輸送機・工作機械・家電・パイプラインなど、多くの業界で素材として使用される）

□ 機械・電子機器（エレクトロニクス）・精密機器

□ 自動車・造船・車両などの輸送機器

〈サービス〉

□ 卸売、小売（デパート・スーパー・コンビニエンスストア・専門量販店など）

□ 金融（都市銀行・地方銀行・信用金庫・証券会社・損害保険・生命保険・先物取引会社など）

□ 不動産業（東京駅付近の丸ビルで有名な三菱地所や、六本木ヒルズで有名な森ビルなどのビル所有会社・マンションや住宅などの販売）

□ 運送（ＪＲ・各私鉄・ヤマト運輸などの陸運、中東・アジア・米国などとの貿易に不可欠な海運、ＪＡＬなどの空運［旅客・貨物］）

□ 情報通信（民放は、株式欄ではこのくくりになる場合が多い）

□ エネルギー産業（電気・ガスなど）

□ マスコミ（新聞・出版・放送・広告代理店・広告制作）

□ 警備やレジャー産業など（これらは上記のくくりに入らない）

■ 志望する分野を5つ挙げる（志望は変わりやすいので、つねに要チェック）

・第1志望：＿＿＿＿＿＿＿＿＿＿＿＿＿＿＿＿＿＿＿＿＿＿＿＿＿＿＿＿

・第2志望：＿＿＿＿＿＿＿＿＿＿＿＿＿＿＿＿＿＿＿＿＿＿＿＿＿＿＿＿

・第3志望：＿＿＿＿＿＿＿＿＿＿＿＿＿＿＿＿＿＿＿＿＿＿＿＿＿＿＿＿

・第4志望：＿＿＿＿＿＿＿＿＿＿＿＿＿＿＿＿＿＿＿＿＿＿＿＿＿＿＿＿

・第5志望：＿＿＿＿＿＿＿＿＿＿＿＿＿＿＿＿＿＿＿＿＿＿＿＿＿＿＿＿

本冊1章で紹介した「自分史年表」のフォーマットです。「血族編」と「思い出編」に分かれています。

血族編は、親兄弟姉妹・祖父母といった、ごく身近で色濃く影響を受けた人たちについて書いてもらいます。わからないことは本人に「取材」しましょう。

[血族編(エピソードを交えて各400字で)]

■父親はどんな人か(差し支えなければ職業も)

[ひと言で表すと]

[くわしく書くと]

▲長所も短所も挙げる。口癖・食べ物や服などの好み、なぜ今の職業に就いたのか聞いてみよう。

■母親はどんな人か(差し支えなければ職業も)

[ひと言で表すと]

[くわしく書くと]

▲長所も短所も挙げる。口癖・食べ物や服などの好みなど、この機会にインタビューしてみよう。

書き込みシート]

　思い出編は、生まれてから大学3年（3回）生の現在までの、自分に関わるエピソードを書いてください。一部は、本冊2章のQ&Aとリンクしています。そこでのアドバイスも書く際の参考にしてください。

■兄／弟はどんな人か（差し支えなければ職業も）

[ひと言で表すと]

[くわしく書くと]

▲子どものころのエピソードは、昔の写真を見ると思い出しやすい。

■姉／妹はどんな人か（差し支えなければ職業も）

[ひと言で表すと]

[くわしく書くと]

■兄弟姉妹への文句

［ひと言で表すと］

［くわしく書くと］

▲「文句」から見えてくる自分の個性もある。思いつくままに書いてみよう。

■双方の祖父母の中で偉い人はいるか（戦争体験などのエピソードがあるか？）

［ひと言で表すと］

［くわしく書くと］

▲いっしょに住んでいる場合は本人に、いない場合は親に聞いてみよう。

[□いない／□いる→ひと言で表すと]

[くわしく書くと]

_____

_____

_____

_____

_____

_____

_____

_____

■地域（地元・故郷）で面白い人がいるか？

[□いない／□いる→ひと言で表すと]

[くわしく書くと]

_____

_____

_____

_____

_____

_____

_____

_____

_____

[思い出編（エピソードを交えて各400字で）]

■小学校以前の特異な思い出：0〜6歳（保育園・幼稚園）

_____

_____

_____

_____

_____

_____

_____

_____

_____

▲本人は断片的な記憶しかないだろうから、親に聞いてみること。

小学校のときの思い出：7〜12歳

書くことが思い浮かばない場合は、以下の項目について書き込む。本冊25ページからの大林さんたちのように詳しく書いてもよい。なりたかった職業なども書いておく。

■先生

小学校の先生は、_____

_____

_____

_____

▲怒られた／ほめられたなど、強く印象に残っている特定の先生でもよい。

■勉強

私は勉強が[□得意／□苦手]で[□好き／□嫌い]でした。

▲勉強が好きになった／嫌いになったエピソードなどを書く。

■親や親戚

小学生のころの思い出としては、

■子どものころの夢

子どものころの夢は、

中学校のときの思い出：13〜15歳

当時、日記をつけていた人は、読み返してみよう。基本的には小学校のときと同じ要領で書けばよい。

■先生

中学校の先生は、

_____

_____

_____

_____

_____

_____

▲強く印象に残っている特定の先生でもよい。

_____

■部活動

私は[□運動系の／□文化系の（　　　　　）／□無所属]でした。

_____

_____

_____

_____

_____

_____

▲本格的な「部活動」は中学から。熱中したこと／顧問のこと／先輩との関係などを書く。

■勉強

得意な科目は（　　　　　　）、苦手な科目は（　　　　　　）でした。

▲得意な科目／苦手な科目など。高校受験で苦労した人も多いはず。

■友人

友人は[□多い／□少ない]ほうでした。

▲昔の友人は、今の自分を形成した大きな要素の1つ。友人から受けた影響などを書き出してみよう。

■親や親戚

中学生のころの思い出としては、

高校(進学浪人含む)のときの思い出：16〜18歳

「人間関係」を強く意識する年代。行動範囲も大きく広がっただろう。

■先生

高校の先生は、

_____

_____

_____

_____

_____

_____

_____

▲印象に残るひと言など、ささいなことでもよい。

■部活動

私は［□運動系の／□文化系の（　　　　　　　）／□無所属］でした。

_____

_____

_____

_____

_____

_____

_____

▲顧問・先輩・仲間・後輩たちとの人間関係／受けた影響／心身が鍛えられたことなどを書く。

■勉強

得意な科目は（　　　　　　　）、苦手な科目は（　　　　　　　）でした。

_____

_____

_____

_____

_____

_____

_____

▲仲間との協力／とくに興味を持った科目などを書く。

■友人

_____

_____

_____

_____

_____

_____

_____

_____

▲幼いころからの友人・高校からの友人についてのエピソード（尊敬しているところ／価値観の
　違い／印象に残るひと言など）。

■特異な友人（とくに偉くなった人）

友人の中でとくに印象深い人が［□いました／□いませんでした］。

_____

_____

_____

_____

_____

_____

_____

_____

▲インターハイで活躍するなど、学外でも有名な友人など。

■親や親戚

高校のころの思い出としては、_____

_____

_____

_____

_____

_____

_____

_____

_____

▲何でも自由にさせてくれたこと／価値観を押し付けられたこと／感謝したこと／怒られたこと
などを書く。

■地域(季節や人情)

■地域の風習や行事

■浪人時代の出来事や親との確執

▲受験に失敗したことをバネに猛勉強した／親の反対を押し切って○○大学に入学したなどを書く。

大学1年(1回)生のときの思い出

高校時代よりも、さらに環境が大きく変化する（ボランティア活動・海外旅行・留学など）。ただし、とくにエピソードのない欄は空けておいてよい。

┌─────────────────────────────────────┐
│ **■語学のクラス**   │
│   │
│ _____   │
│   │
│ _____   │
│   │
│ _____   │
└─────────────────────────────────────┘

┌─────────────────────────────────────┐
│ **■体育会・サークル(インカレを含む)**│
│ 名称：_____   │
│ 規模：　　人　　活動頻度：週　回   │
│   │
│ _____   │
│ _____   │
│ _____   │
│ _____   │
│ _____   │
│ _____   │
│ _____   │
│ ▲活動中、気をつけたこと／やり抜いたことなどを書く。│
└─────────────────────────────────────┘

┌─────────────────────────────────────┐
│ **■ボランティア・NGO**   │
│   │
│ _____   │
│ _____   │
│ ▲活動している人は少数。なければ書かなくてOK。│
└─────────────────────────────────────┘

■アルバイト

店 名・社 名：＿＿＿＿＿＿＿＿＿＿＿＿＿＿＿＿＿＿＿＿＿＿＿＿＿＿

頻 度：週　　　日／１日　　　　時間程度

目 的：＿＿＿＿＿＿＿＿＿＿＿＿＿＿＿＿＿＿＿＿　のため。

＿＿＿＿＿＿＿＿＿＿＿＿＿＿＿＿＿＿＿＿＿＿＿＿＿＿＿＿＿＿＿＿

＿＿＿＿＿＿＿＿＿＿＿＿＿＿＿＿＿＿＿＿＿＿＿＿＿＿＿＿＿＿＿＿

＿＿＿＿＿＿＿＿＿＿＿＿＿＿＿＿＿＿＿＿＿＿＿＿＿＿＿＿＿＿＿＿

＿＿＿＿＿＿＿＿＿＿＿＿＿＿＿＿＿＿＿＿＿＿＿＿＿＿＿＿＿＿＿＿

▲学校とは違い、年齢の離れた仲間がいるので、よい影響を受けることも多いはず。目的／アルバイト代の使い道など。お客さんとの交流も。本冊74ページのQ&A（17）も参考に。

■親や親戚、地域や故郷

＿＿＿＿＿＿＿＿＿＿＿＿＿＿＿＿＿＿＿＿＿＿＿＿＿＿＿＿＿＿＿＿

＿＿＿＿＿＿＿＿＿＿＿＿＿＿＿＿＿＿＿＿＿＿＿＿＿＿＿＿＿＿＿＿

＿＿＿＿＿＿＿＿＿＿＿＿＿＿＿＿＿＿＿＿＿＿＿＿＿＿＿＿＿＿＿＿

＿＿＿＿＿＿＿＿＿＿＿＿＿＿＿＿＿＿＿＿＿＿＿＿＿＿＿＿＿＿＿＿

＿＿＿＿＿＿＿＿＿＿＿＿＿＿＿＿＿＿＿＿＿＿＿＿＿＿＿＿＿＿＿＿

＿＿＿＿＿＿＿＿＿＿＿＿＿＿＿＿＿＿＿＿＿＿＿＿＿＿＿＿＿＿＿＿

＿＿＿＿＿＿＿＿＿＿＿＿＿＿＿＿＿＿＿＿＿＿＿＿＿＿＿＿＿＿＿＿

＿＿＿＿＿＿＿＿＿＿＿＿＿＿＿＿＿＿＿＿＿＿＿＿＿＿＿＿＿＿＿＿

▲離れてわかる親のありがたさ／故郷への思い。地元で通う人も同様に。

■海外旅行

行　先：

期　間：

目　的：　　　　　　　　　　　　　　　　　　　　のため。

＿＿＿＿＿＿＿＿＿＿＿＿＿＿＿＿＿＿＿＿＿＿＿＿＿＿＿＿＿＿

＿＿＿＿＿＿＿＿＿＿＿＿＿＿＿＿＿＿＿＿＿＿＿＿＿＿＿＿＿＿

＿＿＿＿＿＿＿＿＿＿＿＿＿＿＿＿＿＿＿＿＿＿＿＿＿＿＿＿＿＿

＿＿＿＿＿＿＿＿＿＿＿＿＿＿＿＿＿＿＿＿＿＿＿＿＿＿＿＿＿＿

▲海外旅行に行った人だけ書けばよい。

■1人旅

行　先：

期　間：

目　的：　　　　　　　　　　　　　　　　　　　　のため。

■趣味

このころの趣味は[　　　　　　　　　　　　　　　　　　　]でした。

_____

_____

_____

_____

_____

_____

_____

▲やったことや費やした時間など、数字を交えて具体的に書こう。

_____

■インターネット(スマートフォンを含む)にはまった時間と内容

時　間：1日　　　時間程度

よく利用したサイト・アプリ名：

内　容：

_____

_____

_____

_____

_____

_____

_____

■読んだ本(マンガも可)

書 名:

著者名:　　　　　　　　出版社名:

▲書名・著者名のほかに、簡単な感想も書いておく。

■読んだ雑誌

誌 名:　　　　　　　　出版社名:

関心があった内容:

▲定期的に読んでいる／記事に関心があって読んだものを書く。自分の興味の範囲がわかる。

■観た映画

作品名：

監督名：

▲作品名のほか、あらすじと簡単な感想も書いておく。

■とくに努力したこと

▲体育会・サークル（20ページ）、アルバイト（21ページ）のほかに、とくに努力したことがあれば書いておく。

■その他（絵画鑑賞・演劇・寄席・ダンス・コンサートなど）

_____

_____

_____

_____

_____

_____

_____

_____

_____

■変わった体験

この年に変わった体験を［□しました／□しませんでした］。

その体験とは、_____

_____

_____

_____

_____

_____

_____

▲何か興味を引きそうな体験があれば、積極的に書き込んでおこう。

■自分の弱点

このころの弱点は[   ]でした。

_____

_____

_____

_____

_____

_____

▲大学1年（1回）生当時のエピソードに関して、客観的に見た弱点を書く。

_____

■自分の1日（2時間単位で）

午前：_____

_____

_____

午後：_____

_____

_____

_____

▲起床・食事→通学→受講→サークルなどの活動→アルバイト→帰宅→就寝。

_____

大学2年(2回)生のときの思い出

基本的には、1年（1回）生のときと同様に、当時のエピソードとからめて書く。

■ゼミ

名　称：＿＿＿＿＿＿＿＿＿＿＿＿＿＿＿＿＿＿＿＿＿ ゼミ

テーマ：＿＿＿＿＿＿＿＿＿＿＿＿＿＿＿＿＿＿＿＿＿＿

＿＿＿＿＿＿＿＿＿＿＿＿＿＿＿＿＿＿＿＿＿＿＿＿＿＿＿

▲大学によっては2年（2回）生からゼミに入る。その場合は積極的に書いておこう。

■体育会・サークル(インカレを含む)

名　称：＿＿＿＿＿＿＿＿＿＿＿＿＿＿＿＿＿＿＿＿＿＿

規　模：　　　人　　活動頻度：週　　回

＿＿＿＿＿＿＿＿＿＿＿＿＿＿＿＿＿＿＿＿＿＿＿＿＿＿＿

＿＿＿＿＿＿＿＿＿＿＿＿＿＿＿＿＿＿＿＿＿＿＿＿＿＿＿

＿＿＿＿＿＿＿＿＿＿＿＿＿＿＿＿＿＿＿＿＿＿＿＿＿＿＿

＿＿＿＿＿＿＿＿＿＿＿＿＿＿＿＿＿＿＿＿＿＿＿＿＿＿＿

＿＿＿＿＿＿＿＿＿＿＿＿＿＿＿＿＿＿＿＿＿＿＿＿＿＿＿

＿＿＿＿＿＿＿＿＿＿＿＿＿＿＿＿＿＿＿＿＿＿＿＿＿＿＿

■ボランティア・NGO

＿＿＿＿＿＿＿＿＿＿＿＿＿＿＿＿＿＿＿＿＿＿＿＿＿＿＿

＿＿＿＿＿＿＿＿＿＿＿＿＿＿＿＿＿＿＿＿＿＿＿＿＿＿＿

＿＿＿＿＿＿＿＿＿＿＿＿＿＿＿＿＿＿＿＿＿＿＿＿＿＿＿

■アルバイト①

店名・社名：＿＿＿＿＿＿＿＿＿＿＿＿＿＿＿＿＿＿＿＿＿＿＿＿＿＿＿＿

頻度：週　　　日／1日　　　時間程度

目的：＿＿＿＿＿＿＿＿＿＿＿＿＿＿＿＿＿＿＿＿＿のため。

＿＿＿＿＿＿＿＿＿＿＿＿＿＿＿＿＿＿＿＿＿＿＿＿＿＿＿＿＿＿＿＿＿＿

＿＿＿＿＿＿＿＿＿＿＿＿＿＿＿＿＿＿＿＿＿＿＿＿＿＿＿＿＿＿＿＿＿＿

＿＿＿＿＿＿＿＿＿＿＿＿＿＿＿＿＿＿＿＿＿＿＿＿＿＿＿＿＿＿＿＿＿＿

＿＿＿＿＿＿＿＿＿＿＿＿＿＿＿＿＿＿＿＿＿＿＿＿＿＿＿＿＿＿＿＿＿＿

＿＿＿＿＿＿＿＿＿＿＿＿＿＿＿＿＿＿＿＿＿＿＿＿＿＿＿＿＿＿＿＿＿＿

■アルバイト②

店名・社名：＿＿＿＿＿＿＿＿＿＿＿＿＿＿＿＿＿＿＿＿＿＿＿＿＿＿＿＿

頻度：週　　　日／1日　　　時間程度

目的：＿＿＿＿＿＿＿＿＿＿＿＿＿＿＿＿＿＿＿＿＿＿のため。

＿＿＿＿＿＿＿＿＿＿＿＿＿＿＿＿＿＿＿＿＿＿＿＿＿＿＿＿＿＿＿＿＿＿

＿＿＿＿＿＿＿＿＿＿＿＿＿＿＿＿＿＿＿＿＿＿＿＿＿＿＿＿＿＿＿＿＿＿

＿＿＿＿＿＿＿＿＿＿＿＿＿＿＿＿＿＿＿＿＿＿＿＿＿＿＿＿＿＿＿＿＿＿

＿＿＿＿＿＿＿＿＿＿＿＿＿＿＿＿＿＿＿＿＿＿＿＿＿＿＿＿＿＿＿＿＿＿

＿＿＿＿＿＿＿＿＿＿＿＿＿＿＿＿＿＿＿＿＿＿＿＿＿＿＿＿＿＿＿＿＿＿

▲短期のアルバイトでも、ネタとして面白いもの（肉体労働など）はエントリーシートで使えるので、どんどん書き込もう。

■海外旅行

行　先：_____

期　間：_____

目　的：_____のため。

_____

_____

_____

_____

▲海外旅行で得たもの／失敗談／カルチャーショックを受けたことなどを書く。

_____

■1人旅

行　先：_____

期　間：_____

目　的：_____のため。

_____

_____

_____

_____

_____

_____

■親や親戚、地域や故郷

■友人と遊んだ内容

■趣味

このころの趣味は[　　　　　　　　　　　　　　　　　　　　　]でした。

▲やったことや費やした時間など、数字を交えて具体的に書こう。

■インターネット（スマートフォンも含む）にはまった時間と内容

時　間：1日　　　時間程度

よく利用したサイト・アプリ名：

内　容：

■読んだ本（マンガも可）

書　名：

著者名：　　　　　　　　　　　出版社名：

▲1年（1回）生のときは高校と同傾向であることが多い。本や映画から1年の成長が見えてくる。

■読んだ雑誌

誌 名：　　　　　　　　出版社名：

関心があった内容：

▲以前と比べて読む雑誌の傾向に明らかな変化があれば、その理由も書いておこう。

■観た映画

作品名：

監督名：

■とくに努力したこと

_____
_____
_____
_____
_____
_____
_____
_____

▲体育会・サークル（28ページ）、アルバイト（29ページ）のほかに、とくに努力したことがあれば書いておく。

■変わった体験

この年に変わった体験を［□しました／□しませんでした］。

その体験とは、
_____
_____
_____
_____
_____
_____
_____
_____

■自分の弱点

このころの弱点は[   ]でした。

_____

_____

_____

_____

_____

_____

▲2年（2回）生になり、1年前とは異なる弱点があれば、客観的に書く。

_____

■自分の1日（2時間単位で）

午前：_____

_____

_____

_____

午後：_____

_____

_____

_____

_____

大学3年（3回）生の年末までの思い出

ごく最近のことなので、なるべく具体的な名前・役割・細かい内容を書こう。

■ゼミ

名　称：　　　　　　　　　　　　　　　　　　　　ゼミ

テーマ：

▲ゼミ名・指導教官名／そのゼミを選んだ理由／履修内容／卒論のテーマなどを書く。

■サークル

名　称：

規　模：　　　人　　活動頻度：週　　回

▲役職に就き、指導的な立場になってのエピソードなど。

■体育会(インカレを含む)

名　称：

規　模：　　　人　　活動頻度：週　　回

▲この年が実質「現役最後」になることが多いはず。練習・試合のこと／仲間との結束／体得したことなどを書く。

■ボランティア

■NGO

■アルバイト①

店名・社名: ＿＿＿＿＿＿＿＿＿＿＿＿＿＿＿＿＿＿＿＿＿＿＿

頻度:週　　　日／1日　　　時間程度

目的: ＿＿＿＿＿＿＿＿＿＿＿＿＿＿＿＿＿＿のため。

＿＿＿＿＿＿＿＿＿＿＿＿＿＿＿＿＿＿＿＿＿＿＿＿＿＿＿＿＿

＿＿＿＿＿＿＿＿＿＿＿＿＿＿＿＿＿＿＿＿＿＿＿＿＿＿＿＿＿

＿＿＿＿＿＿＿＿＿＿＿＿＿＿＿＿＿＿＿＿＿＿＿＿＿＿＿＿＿

＿＿＿＿＿＿＿＿＿＿＿＿＿＿＿＿＿＿＿＿＿＿＿＿＿＿＿＿＿

▲「ガテン系」「エンジニア系」など、アルバイトの内容から自己アピールのポイントが見つかる。

■アルバイト②

店名・社名: ＿＿＿＿＿＿＿＿＿＿＿＿＿＿＿＿＿＿＿＿＿＿＿

頻度:週　　　日／1日　　　時間程度

目的: ＿＿＿＿＿＿＿＿＿＿＿＿＿＿＿＿＿＿のため。

＿＿＿＿＿＿＿＿＿＿＿＿＿＿＿＿＿＿＿＿＿＿＿＿＿＿＿＿＿

＿＿＿＿＿＿＿＿＿＿＿＿＿＿＿＿＿＿＿＿＿＿＿＿＿＿＿＿＿

＿＿＿＿＿＿＿＿＿＿＿＿＿＿＿＿＿＿＿＿＿＿＿＿＿＿＿＿＿

＿＿＿＿＿＿＿＿＿＿＿＿＿＿＿＿＿＿＿＿＿＿＿＿＿＿＿＿＿

＿＿＿＿＿＿＿＿＿＿＿＿＿＿＿＿＿＿＿＿＿＿＿＿＿＿＿＿＿

■海外旅行

行　先：_____

期　間：_____

目　的：_____のため。

_____

_____

_____

_____

_____

_____

■1人旅

行　先：_____

期　間：_____

目　的：_____のため。

_____

_____

_____

_____

_____

_____

■親や親戚、地域や故郷

▲就職活動を控え、改めて親や故郷のことを振り返ってみよう。新たな発見もあるはずだ。

■友人と遊んだ内容

▲友人との遊びを通して何か得たものがあれば、それも書いてみよう。

■趣味

現在の趣味は[ ]です。

▲本なら書名、音楽ならジャンル・曲名など、具体的に書くことも忘れずに。

■インターネット(スマートフォンを含む)にはまった時間と内容

時　間：1日　　　時間程度

よく利用したサイト・アプリ名：

内　容：

■読んだ本（マンガも可）

書　名：

著者名：　　　　　　　　　　出版社名：

■読んだ雑誌

誌　名：　　　　　　　　　　出版社名：

関心があった内容：

■観た映画

作品名：_____

監督名：_____

_____

_____

_____

_____

_____

▲本・マンガ・雑誌・映画など、傾向に変化があれば、その理由を書いておこう。

■とくに努力したこと

_____

_____

_____

_____

_____

_____

_____

▲サークル（36ページ）、体育会（37ページ）、アルバイト（38ページ）のほかに、とくに努力した
ことがあれば書いておく。

■その他(絵画鑑賞・演劇・寄席など) ／■変わった体験

_____

_____

_____

_____

_____

_____

_____

_____

_____

■就職活動①(エントリー)

志望業種：　　　　　　　　　職　種：

企業名：1.

_____

_____

_____

_____

_____

▲志望職種とその理由／エントリー先の企業名を書く。

■就職活動②（インターンシップ）

企業名：　　　　　　　　　　　期　間：

内　容：

_____

_____

_____

_____

_____

_____

▲インターンシップは無理に参加する必要はなし。ただし、実質的な「試験」にしている企業も
　あるのであらかじめ調べておくこと。

■就職活動③（セミナー）

企業名：　　　　　　　　　　　時　期：

企業名：　　　　　　　　　　　時　期：

企業名：　　　　　　　　　　　時　期：

_____

_____

_____

_____

_____

▲参加したセミナーとその時期を書く。

別冊 第3部 [自己分析のため

　本冊50〜89ページで紹介した「自己分析のためのQ＆A」のフォーマットです。現役内定者の書いた回答例と筆者のコメントを参考にして、オリジナルの回答を記入してください。それを周りの人たちに見せて意見交換をするうちに、自ずと「自己分析」ができます。「回答→確認→意見交換」の作業は、就職活動仲間と行うとよいでしょう。

　31項目の質問の中には、面接やエントリーシートでよく聞かれる質問もあります。しっかりと準備をしていきましょう。

■ 質問項目一覧

3

自己分析のための性格診断・書き込みシート

01. 尊敬する人はいますか（必ず親以外で答える）。

尊敬する人：

理　由：

▲「親以外で」との注意書きがなくても、「両親」を挙げたら失格。「歴史上の人物」「郷土の偉人」が無難。

----

02. 宝くじで百万円当たったら何に使いますか
（預貯金や親にあげることなく、使い切るとして答える）。

使い道：

理　由：

▲自分の趣味を活かした話題にすれば、「企画力」「積極性」がアピールできる。

03. 都会が好きですか。地方が好きですか。必ずどちらかを選び、理由を述べてください。

[□都会／□地方]が好きです。理由は、

▲自分にUターン・Jターン・Iターンの希望があるかどうかがわかる質問。

04. 特技は何ですか。そのきっかけは何ですか。

特　技：

きっかけ：

▲面接官の興味を引ければ、アピールのポイントになる。

05. あなたのストレス解消法は何ですか。

解消法：

理　由：

▲現実の方法は何でもいい。解消できる理由も書く。「自己管理能力」が問われている。

06. あなたの短所と長所は何ですか。

短　所：

長　所：

▲表現のしかたによっては、短所も長所のようにアピールできる。

07. 留学したことはありますか。また、留学から何を学びましたか。

留学先：

学んだこと：

▲「複眼思考（いろいろな視点から物事を見ることができる）」が身についたことをアピールできる。

08. 学生時代に直面した困難は何ですか。また、それをどう切り抜けましたか。

直面した困難：

切り抜けた方法：

▲社会に出れば、難題はいつも突き付けられるもの。その解決力がアピールできる。

09. 自分は運が強いほうだと思いますか。弱いほうだと思いますか。その理由も述べてください。

[□強い／□弱い]ほうだと思います。

理　由：

▲「人生観」「価値観」が問われるが、落とすための質問ではないので安心を。「プラス思考」に結びつけられれば「○」。

10. 座右の銘はありますか。それを「持つ」に至った理由は何ですか。

座右の銘：

理　由：

▲面接でもよく問われる。自分の体験と結びつけて考えよう。

11. 社会人になったら、職場でどんなことに注意したいですか。

私が社会人になったら、

▲参考程度に。学生時代のエピソードに結びつけて考える。

12. どの会社でも入れると仮定した場合、あなたはどこを選びますか。その理由も述べてください。

企業名：

理　由：

13. あなた自身を色にたとえると何色ですか。その理由も述べてください。

□金／□銀／□白／□黒／□灰／□赤／□青／□黄／□緑／
□橙／□朱／□茶／□紫／□桃／□黄緑／□その他（　　　　）

理　由：

14. これまでの人生で嘘をついたことはありますか。あったら、それはどんな局面でしたか。

嘘をついたことが[□あります／□ありません]。

ついた局面：

_____

_____

_____

_____

_____

_____

▲嘘は基本的に「マイナスのアピール」であることに要注意。

15. 苦手なタイプはありますか。そのタイプの人とどう付き合いますか。

苦手なタイプは [□あります／□ありません]。

_____

_____

_____

_____

_____

_____

_____

▲たとえ苦手なタイプでも、その人から何かを学ぶことはできる。

16. あなた自身を動物にたとえると何ですか。その理由も述べてください。

動　物：

理　由：

▲発想の面白さが問われる。自己アピールの材料になるように考えておくとよい。仲間にも聞いてみよう。

17. これまで、どのようなアルバイトをしてきましたか。いちばん印象に残ったものは何ですか。その理由も述べてください。

店名・職種：　　　　　　　　　期間・時給：

理由・目的：

▲始めた目的・理由・期間・時給などは具体的に答えられるようにしておく。「観察力」をアルバイトの体験から分析する面接官もいる。

18. 無人島で生活することになったとして、1つだけ持参を許されたら何を持っていきますか(人間、食料、水以外で)。その理由も述べてください。

持っていく物：

理　由：

▲現実的な回答だけでなく、志望職種によっては「アイディアテスト」として答えてもよい。

19. お酒は飲めますか。また、宴会(コンパ)は好きですか。

[□飲めます／□飲めません]、[□好き／□嫌い]です。

▲コミュニケーションの「武器」になると考えている面接官もいる。飲めない人もその点に注意して答える。

3

自己分析のための性格診断・書き込みシート

57

20. あなたの故郷の思い出は何ですか。

私の故郷の思い出は、

▲自分の「ルーツ探し」の質問。面接官がそこに「土地勘」がある場合も。

21. インターンシップの体験はありますか。

[□あります／□ありません]。

▲「囲い込み」の一環として行う企業やそこからの採用を増やしている企業もあるので、事前に調査を。

22. (紙の)新聞は、就職活動でどう活かしましたか。

私は新聞を、

▲購読は社会人の「常識」。求人や時事・一般常識試験対策の情報源として活用したい。

23. 友人知人から受けた影響、学んだことはありますか。それはどんなことですか。

[□あります／□ありません]。

▲先輩などのよい手法をまねることは「自発的なスキルアップの能力」をアピールできる。

24. 会社でよく使われるホウレンソウの意味は知っていますか。

[□知っています／□知りません]。

▲社会人としての常識。詳しくは本冊83ページのコメントを参照。

25. あなたは外交的ですか。内向的ですか。その理由も述べてください。

[□外交的／□内向的]です。

理　由：

▲「外交的」「内向的」どちらも、正直に書こう。

----

26. あなたはプラス思考ですか。マイナス思考ですか。

[□プラス／□マイナス]思考です。

▲マイナス思考の人は、くよくよと考えていては前に進めない。

27. 恥ずかしく感じた体験はありますか。それをどう切り抜けましたか。または切り抜けられなかった理由は何ですか。

[□あります／□ありません]。

▲切り抜けた方法を答えられれば「機転の利く人間」というアピールに。

28. 野球に興味（観戦を含めて）はありますか。なければどんなスポーツが好きですか。

野球に興味は[□あります／□ありません]。

好きなスポーツ：

▲野球は面接官世代との「会話ツール」。自分で行っているスポーツがあれば、体力面でのアピールルに。

29. 友人からの相談ごとは多いほうですか。

[□多い／□少ない]ほうです。

▲人から頼られる人柄かどうかを問う質問。

30. 第1志望の業種以外はどんなところを受けましたか。

企業名：

理　由：

企業名：

理　由：

企業名：

理　由：

▲まったく違う業種の企業名は避けたほうが無難。

31. これまでに遭遇した困難はどんなものですか。また、それをどう乗り越えましたか。

遭遇した困難：

乗り越えた方法：

▲困難を打開する能力を問う質問。自分史からエピソードを探してこよう。

'26年版

内定者が本当にやった
究極の
自己分析

成美堂出版

本書の特長と使い方

　本書は、就職活動に成功するための「自己分析」の本です。「自己分析がなぜ必要なのか、どの場面で役に立つのか」といった基礎知識や、自己分析のしかた、分析の成果を実際のエントリーシート（ＥＳ）や面接にどう活かしていくかなど、内定者たちの実例を交えながら、順を追って解説していきます。

　分析を始める前に、最初から通読するのもいいですし、どこか必要なところから読み始めてもかまいません。

　また、巻頭の［別冊　書き込みシート］を最初に眺めてから本冊を読めば、どこにポイントをおいて作業を進めればよいか、理解しやすくなるでしょう。下に、本書を使った自己分析の流れを図示しておきます。

■ 本書を使った自己分析の流れ

最初からひと通り読んでも、必要な部分だけ読んでもかまわない

シートは繰り返し使うので、書き込む前にコピーしておくとよい。誤字脱字には要注意！

別冊｜書き込み式自己分析シート

　巻頭に、取り外し可能な［別冊　書き込みシート］をつけました。本冊を読み、アドバイスなどを参照しながら書き込めば、自然と自己分析ができ、さまざまな企業に対応できるＥＳが書けるようになります。

　まずは自分なりに書き込んでから、就職活動仲間などと話し合い、ＯＢ・ＯＧや就職活動支援塾の講師などの専門家に相談をしてみてください。それを踏まえ、書き込んだ内容を練り直します。この作業を繰り返すうちに、ＥＳが書ける「ネタ帳」になっていきます。

　実際のＥＳはもちろんですが、シートに書き込む際も「誤字脱字」がないように注意してください。案外気づきにくいもの（記者や作家でも同様）ですが、大きなマイナスポイントになります。できれば自分だけでなく、ゼミや就職活動の仲間、両親にも見てもらいましょう。さらに、実際のＥＳに書き込んだら、改めてゼミの先輩などの内定者にチェックしてもらえるとベストです。

ESや面接に活かす

志望先に合わせて書き込みシートからネタを探す。ESは面接で使われるので、提出前にコピーしておく。訪問前に、本冊6章も要チェック

本冊 | 自己分析の方法と就職活動への活かし方

　序章では就職活動における自己分析の重要性を理解し、１章で自分史作りの実例を、２章で性格診断的な自己分析の実例を見ていきます。３・４章では、実例を参照しながら、自己分析の成果をＥＳや面接（Web面接含む）に活かす方法を、５章では自己分析をからめた業界研究のしかたを学びます。６章では自己分析を含めた就職活動全般に関して気をつけたいポイントを修得します。

　また、特別コラムとして、６章の後に実践で使える自己分析の応用編を、巻末に「みなさんが生まれる少し前から現在まで」と「太平洋戦争開戦から平成12年まで」に起きた主な出来事をまとめた年表を載せました。年表は、自分史年表を作る際の参考にしてください。

序章 ● 自己分析は、志望先を決めるための　重要な手段である

　「自己分析」とは、文字どおり「自分を分析すること」──客観的に、今の自分を成り立たせている要素・背景・環境などを明らかにして「自分」というものを認識することです。カウンセリングの手法ですが、就職活動では、自分の適性を見極め、それを仕事に必要な適性などと照合して、志望する職種や業界を決めるために用いられます。

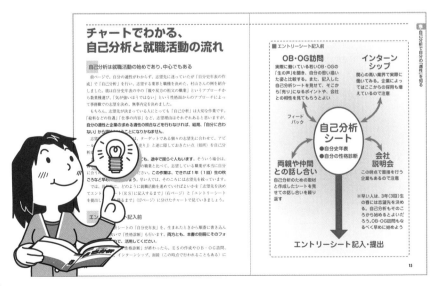

1章 ●「自分史」で過去・現在を書き出し、自分の背景や環境を明らかにする

　自己分析は、まず、幼いころからの「自分史」を作ることから始めます。自分が成長してきた背景には、両親の影響——職業や物事・社会・会社についての考え方が大きく反映されています。書き出すことで、それらがはっきりとしてきます。過去に思い描いていた夢が志望に結びつくこともあるでしょう。

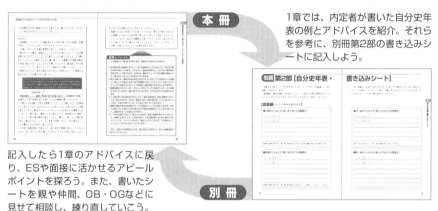

1章では、内定者が書いた自分史年表の例とアドバイスを紹介。それらを参考に、別冊第2部の書き込みシートに記入しよう。

記入したら1章のアドバイスに戻り、ESや面接に活かせるアピールポイントを探ろう。また、書いたシートを親や仲間、OB・OGなどに見せて相談し、練り直していこう。

2章 ●31項目の質問に答えて、自分の適性・アピールポイントを見つける

　自己分析の方法はさまざまですが、中でも前述した「自分史的なアプローチ」とともに「性格診断的なアプローチ」が主流となっています。本書で用意した31の質問に答えることで、自分の性格や考え方を明らかにしましょう。

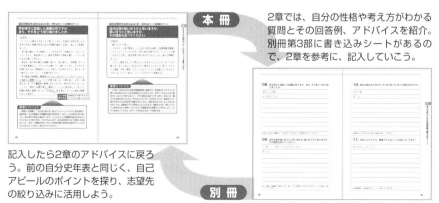

2章では、自分の性格や考え方がわかる質問とその回答例、アドバイスを紹介。別冊第3部に書き込みシートがあるので、2章を参考に、記入していこう。

記入したら2章のアドバイスに戻ろう。前の自分史年表と同じく、自己アピールのポイントを探り、志望先の絞り込みに活用しよう。

3・4章 ●自己分析の成果を、実際のエントリーシートや面接に活かす

就職活動では、志望する分野・業界・企業を決めたら、ＥＳを提出し、筆記・面接の試験を受けることになります。本書では、実例を示しながら、ＥＳや面接への自己分析の活用のしかたを紹介していきます。

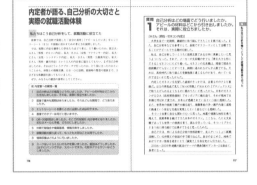

5章 ●職種・業界が求める適性・条件と自分の適性・希望を照合する

志望先を決めるには業界研究も重要。自己分析で明らかにした自分の適性と、職種・業界の求める適性との照合や、転勤の有無・給料などについての調査をする必要があります。業界研究だけで１冊書けるほど広範なので、本書では志望先の見つけ方に焦点を合わせて、関心を持っている商品・サービスなどから絞り込む方法を紹介します。

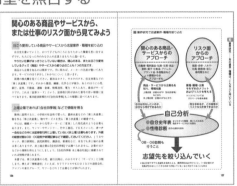

6章 ●就職活動全般についての「ポイント」を紹介！

自己分析やＥＳ・面接・業界研究について、１〜５章で詳しく解説をしているので、６章では、就職活動全般についてのちょっとした、かつ重要なポイントを紹介しておきます。

本冊の最後に特別コラムとして、人事担当者や面接官に「コミュニケーション能力」を強くアピールし、入社後にも活かせる自己分析の応用編を紹介します。

「自己分析」で志望分野を見つけ、内定を勝ち取ろう！

　みなさんが、これまで歩んできた人生の中でいちばん戸惑うのが、就職活動だと思います。先生も、理工系のゼミ以外では、斡旋や指導は行いません。一部の大学を除いて、就職課に業界別の担当者がいるわけではありません。つまり、自分の判断で「社会」「会社」と向き合わないといけないのです。

　その際に求められるのが、本書で取り上げる「自己分析」です。「マスコミにいきたい」「公務員になりたい」など、志望がはっきりとしていれば別ですが、それ以外は自己分析をし、適性を見極めてから志望分野・業界を決めるのがふつうです。その上で、先輩から話を聞き、自己分析の結果と合わせて判断します。ブランドや本社が立派という理由で志望して運よく入社しても、３年も経たないうちに退職する。そういうケースが有名企業の３分の１で起こっています。いわゆる「ミスマッチ」の悲劇です。また、就職活動でいちばん困るのが「何をしたらいいかわからない」「何に向いているのかわからない」というケースです。そういう意味でも、自己分析から志望を決めることは１つのステップになります。頑張って自己分析を行い、志望する分野・業界を見出してください。

　自己分析は、自己ＰＲやエントリーシートを書くときにも役立つのです。

　近年は企業の採用活動が早期化、通年化しています。学生も、就職に意識を向けている人はそれに応じて対策を早めており、私が主宰する阪東100本塾でも、１年（１回）生が入ってきています。自己分析も早くから準備を進めることが大切です。

　最後になりましたが、この本の制作にあたり、実際に面接官になった経験がある阪東100本塾のＯＢ・ＯＧや、多数の現役内定者の協力をいただきました。改めて御礼申し上げます。

2024年4月　阪東100本塾主宰　阪東　恭一

3章 ▶▶▶ 自己分析の「エントリーシート」「面接」への活用法

4章 ──内定者の実例── 私は自己分析を軸に、こうして就職活動を乗り切った

5章 ▶▶▶ 業界研究──あの業界・職種は、こんな人に向いている

6章 ▶▶▶ 就職活動で気をつけたい11のポイント

［別冊 書き込みシート］
■ **第1部　書き込み式・フェイスシート**
■ **第2部　自分史年表・書き込みシート**
■ **第3部　自己分析のための性格診断・書き込みシート**

※本書の情報は、原則として2024年3月1日現在のものです。

自己分析を行い、
自分に合う企業を探そう

自分の「適性」がわからない学生が増えている

　私は30年以上、就職活動支援の塾や大学の就職支援講座でアドバイスをしています。その活動の中で、ここ数年とくに目立つのが、学生から「自分が何に向いているのか、わかりません。自分に合う業界・企業はどこでしょうか」という質問が寄せられることです。これは、進学の際に偏差値だけで大学を選んだ学生に、とくに多い傾向があります。

　また、これも私の「経験上の話」ですが、そういう学生の中には、せっかく志望どおりの企業に入っても「自分に合わない」などの理由ですぐに退社してしまう人、退社はしなくともノイローゼになってしまう人が多いようです。**ブランドや立派な本社ビル（とくに東京・丸の内や東新橋にあるようなビル）で志望企業を選ぶことはやめ、自己分析を通して、自分の適性に合った企業を見つけましょう。**

「2～3年」で将来の職場、職種、会社を決めないといけない？

　みなさんが大学を選ぶときには、偏差値やブランドをいちばん気にしたのではないでしょうか。それらは、進学の時点では重要な志望動機の1つです。

　その他の志望動機として、例えば、考古学をやりたい人は日本史学、史学、あるいは考古学のある学部を探すことになります。同様に、弁護士や裁判官、検事を目ざすなら法学部ということになります。しかし、何の志望もなく、偏差値の高い低いだけで大学に入った人もいることでしょう。政府や経団連の「就職協定」（4年生の6月に面接解禁、10月1日内定式）も今やまったく無視されています。KADOKAWAは近年、1～2年生相手のインターンシップを募集しています。また、早い企業では3年（3回）生の夏から秋に内定を出しています。ＩＴ業界や読売新聞も内定で学生を早期に囲い込む動きがあります。そういう場合は、たった2～3年で将来の職場、職種、会社を決めないといけません。夏採用を含めても3年強です。その期間に見つけられない場合は、**自己分析や会社説明会、インターンシップ、ＯＢ・ＯＧ訪問、仲間との情報交換などを総合して、志望を決める**ことになります。

ここで、自分の適性がわからなかった学生の実例を紹介しておきましょう。

某国立大学・村山さん（男性）の例

「マスコミに憧れていたが……」

　本や雑誌が好き、という理由で、漠然とマスコミに憧れていましたが、先輩方の話を聞くと、仕事が厳しくて、自分には向いていないようです。どうしたらいいのでしょう。公務員試験も、法律などの科目が苦手で、勉強もしていません。大学はトップクラスの国立大学ですが、学校（私立高校）の方針で、学部は自分の希望ではなく、偏差値から見ていちばん、入れそうなところを選びました。

阪東's アドバイス

　村山さんのように、大学進学の際に高校の意向が強く働いている場合も多くあります。このような場合は、自分史を作ってみてください。自分史を作ることにより、自分の適性は何なのか、自分が何をしたいのかが見えてきます。
　自分史を作るにあたっては、親だけでなく、祖父母からの聞き取りも大切です。自分史を作った村山さんは、父方・母方双方の祖父や父親も会社員だったので、親と業種は違いますが、建設（土木建築）やメーカー、海運などから数業界を選んで就職活動をし、最後には、大手ゼネコン（総合建設企業）に決めました。
　両親も、安定した業績があり、業界上位の3社に入る企業で安心したそうです。村山さんの場合、入社後も建設現場（キャンプ）での3年にわたる「修業」に耐え、現在は東南アジアのある国の副支店長を務めるなど、大いに活躍しています。

チャートでわかる、自己分析と就職活動の流れ

自己分析は就職活動の始めであり、中心でもある

　前ページで、自分の適性がわからず、志望先に迷っていたが「自分史年表の作成」で「自己分析」を行い、志望する業界と職種を決めた、村山さんの例を紹介しました。彼は自分史年表の中の「親や双方の祖父の職業」というアプローチから数業種選び、「気が強いほうではない」という性格面からのアプローチによって事務職での志望を決め、無事内定を決めました。

　もちろん、志望先が決まっている人にとっても「自己分析」は大切な作業です。「給料などの待遇」「仕事の内容」など、志望理由はそれぞれあると思いますが、**自分の適性と企業の求める適性の照合などを行わなければ、結局、「自分に合わない」から退社ということになりかねません。**

　志望先が決まったら、次は、ターゲットである個々の志望先に合わせて、アピールポイント（自分の長所、「売り」）と逆に隠しておきたい点（短所）を自己分析から割り出していきましょう。

　また、**いったん志望先を決めても、途中で揺らぐ人もいます。**そういう場合は、自分史年表で親・双方の祖父母の職業と比べて、志望している職業が本当に自分に合うのかを検討してみてください。**この作業は、できれば1年（1回）生の秋ごろなど早めに始めましょう。**早い人では、そのころには志望先を絞っています。

　では、具体的に、どのように就職活動を進めていけばよいかを「志望先を決めてエントリーシート（ES）に記入するまで」（右ページ）と「エントリーシートを提出して内定を得るまで」（17ページ）に分けたチャートで見ていきましょう。

エントリーシート記入前

　まず、自己分析シートの「自分史年表」を、生まれたときから順番に書き込んでいきます。次いで「性格診断」も行います。**両方とも、本書の別冊にそのフォーマットがあるので、活用してください。**

　「自分史年表」と「性格診断」が終わったら、ESの作成やOB・OG訪問、会社説明会参加、インターンシップ、面接（この時点で行われることもある）に

■エントリーシート記入前

OB・OG訪問

実際に働いている若いOB・OGの「生の声」を聞き、自分の思い描いた姿と比較する。また、記入した自己分析シートを見せて、そこから「売り」になるポイントや、会社との相性を見てもらうとよい

インターンシップ

関心の高い業界で実際に働いてみる。企業によってはここからの採用も増えているので注意

フィードバック

自己分析シート

●自分史年表
●自分の性格診断

両親や仲間との話し合い

自己分析のための取材と作成したシートを見せての話し合いを繰り返す

会社説明会

この時点で面接を行う企業もあるので注意

※早い人は、1年（1回）生の秋には志望先を決める。自己分析もそのころから始めるとよいだろう。OB・OG訪問もなるべく早めに始めよう

エントリーシート記入・提出

参加しましょう。

　そして、そこで得られた情報や考えを基に、また別の業界・企業の説明会に参加し、ＯＢ・ＯＧ訪問を行います（現在はオンラインで行う例も多い）。

　別冊の自己分析シートは、すぐに全部を埋める必要はありません。必要なときに、書けるところから記入しましょう。

　ただし、何に向いているかわからない場合は、とりあえず自己分析シートに６〜８割程度書き込む作業を行ってみるのもいいでしょう。

エントリーシート記入・提出後

　志望先をいくつか決めてそれらの企業へＥＳを提出するなど、実際的な就職活動が始まったら、**内定を得るまで、ＯＢ・ＯＧ訪問、両親や就職活動仲間との話し合い、情報交換、自己分析シート記入を繰り返し行います。**

　選考の途中で落ちてしまってもめげずに、別の企業で、ＯＢ・ＯＧ訪問、仲間との相談、自己分析をして、再びＥＳ記入、面接に臨みます。一度で内定を得るに越したことはありませんが、**何社か就職活動で回っていくうちに自分の適性や向いていると思われる企業がわかるようになります。**

　また、志望動機は、自分史年表の作成やＯＢ・ＯＧ訪問、仲間との情報交換などを行う中で考えを深めていきましょう。それには同じ業界・企業を志望する仲間を見つけるのが早道です。

　公務員や弁護士、裁判官、検事、公認会計士などを志望する人たちは、マスコミ志望と同じで、予備校や塾に通う場合が多いものです。もし、そのような職種や業界を目ざすなら、予備校や塾といったノウハウのある、就職活動支援の専門家にアドバイスを求めるのも有効です。

　実際の面接では、面接官はたいてい、ＥＳを見ながら質問してきます。したがって、ＥＳがいい加減では面接での応答もいい加減になり、当然落とされる確率は高くなります。落とされた場合はその失敗体験を基に、自己分析シートと照らし合わせて、うまく答えられるように想定問答集を作っておきます。

　自分１人の力で就職活動を成功させるのは、なかなか難しいものです。練り直したＥＳや失敗した面接での体験を振り返り、ＯＢ・ＯＧに分析してもらいましょう。

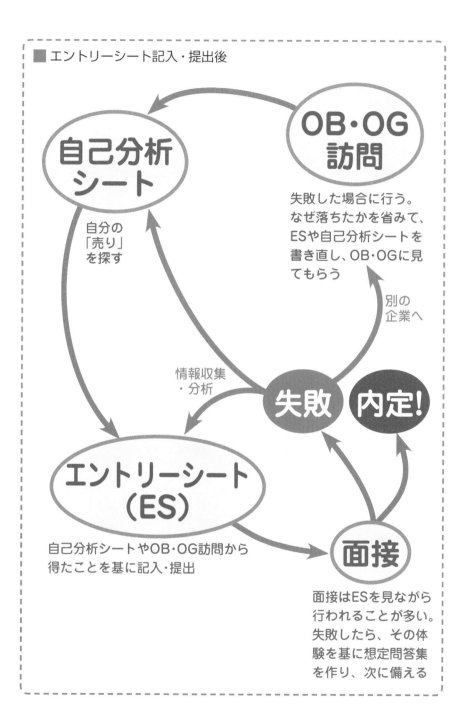

■エントリーシート記入・提出後

自己分析シート

OB・OG訪問

自分の「売り」を探す

失敗した場合に行う。なぜ落ちたかを省みて、ESや自己分析シートを書き直し、OB・OGに見てもらう

別の企業へ

情報収集・分析

失敗 **内定!**

エントリーシート（ES）

自己分析シートやOB・OG訪問から得たことを基に記入・提出

面接

面接はESを見ながら行われることが多い。失敗したら、その体験を基に想定問答集を作り、次に備える

企業情報・採用情報の入手に

マイナビ	https://job.mynavi.jp/
リクナビ	https://job.rikunabi.com/
みん就（みんなの就職活動日記）	https://www.nikki.ne.jp/
マスコミ就職読本WEB版（マスコミ志望者向け）	http://www.tsukuru.co.jp/masudoku/

ニュースサイト・新聞社のホームページ

時事ドットコム（時事通信社）	https://www.jiji.com
朝日新聞デジタル（朝日新聞社）	https://www.asahi.com
読売新聞オンライン（読売新聞社）	https://www.yomiuri.co.jp
日経電子版（日本経済新聞社）	https://www.nikkei.com
東洋経済オンライン（東洋経済新報社）	https://toyokeizai.net

書籍など

『会社四季報』『就職四季報』	東洋経済新報社刊
『会社四季報　業界地図』	東洋経済新報社刊
『マスコミ就職完全ガイド』	阪東恭一編／産学社刊

その他の情報源

国立国会図書館：ほぼすべての全国紙・地方紙・スポーツ新聞が閲覧できる。京都府相楽郡精華町精華台に「関西館」がある
https://www.ndl.go.jp/

NHKアーカイブス：NHKの番組が見られる。施設は埼玉県川口市にある
https://www.nhk.or.jp/archives/

日本新聞博物館（ニュースパーク）：日本新聞協会が運営する施設。新聞の歴史などがわかる。横浜市にある　※有料
https://newspark.jp/

放送ライブラリー：テレビ番組約26000本、ラジオ番組約5000本、優秀なCMに与えられるACC TOKYO CREATIVITY AWARDS入賞CMなどが視聴できる
〒231-0021 神奈川県横浜市中区日本大通11 横浜情報文化センター内8・9階
https://www.bpcj.or.jp/

大宅壮一文庫：戦後発行されたほぼすべての雑誌が閲覧できる　※有料
〒156-0056　東京都世田谷区八幡山3-10-20　℡ 03-3303-2000
https://www.oya-bunko.or.jp/

自分史を作り、自らの
パーソナリティを知る

─自己分析の基本─

序章で、就職活動には自己分析が必要であることはわかったと思います。そこで本章では、自己分析の始めの作業である「自分史作り」について解説していきます。

内定者が書いた自分史の実例に、アドバイスを書き添えました。これらを参考にして、別冊の書き込みシートに記入し、自己分析につなげていきましょう。

自分史（過去・現在）を書き出せば、自分の未来が見えてくる

自分史には、親や祖父母の影響が大きく反映される

　自己分析は、自分史を作ることから始めます。「本書の特長と使い方」でも触れましたが、みなさんの歩んできた歴史（自分史）には、両親の影響——職業や物事・社会・会社についての考え方が大きく反映されています。

　また、父、母それぞれの両親、つまり二組の祖父母が健在な場合は、両親と同様に自分史に含めます。「おじいちゃん子・おばあちゃん子」はもちろん、それほどでない人も少なからぬ影響を受けているからです。

　したがって、**自分史を作るためにはまず、両親や祖父母に話を聞くことから始めましょう。**

　みなさんの祖父母の世代は太平洋戦争後に生まれた人も多いものです。日本の高度経済成長を支えた人々です。

　地方に住んでいる場合は、盆や正月に帰省したときに訪ねていくのもいいかもしれません。みなさんが大人になるまでに、自覚しないうちに影響を受けています。また、改めて祖父母の苦労を知ることで、みなさんも人間的に成長します。エントリーシートを書くときのネタもできるでしょう。

　右ページに、親や祖父母の職業を考えることで志望する職業を見出した、今村さんの自己分析例を紹介します。

親から話を聞くことはもっとも大切

　まず、参考になるのは、自分（と兄弟姉妹）の写真です。

　親は、みなさんが幼いころや入学式、七五三の記念写真を持っている可能性大です。まとまった写真が収められたアルバムなどもあるかもしれません。また、**日記や成績表を保管してある場合は、それらも参考にしてください。兄弟姉妹を含めて自分史の中核になります。**

　よく、大手保険会社などが小学生を対象にした、将来なりたい職業を調査・公表していますが、親ならその当時のことを覚えているかもしれません。ちなみに、

某私大・今村さん（男性・地方公務員内定）の例

「祖父母の職業」

　父方の祖父母は、岩手で米をつくる兼業農家を営んでいた。父はサラリーマンで、休日や農繁期に手伝うくらい。私も、地元の農業を守っていかなくてはならないと思う一方で、祖父母の大変な姿を見ているだけに農家にはなりたくないと考えていた（祖父母、両親も強制はしなかった）。同時に、大学入学を機に上京したいという思いが募り、勉強をした。

　私は、東京に出て改めて、人やモノ、あらゆるものが集中している都会のすごさを感じた。大学では政治家や著名人の講義を受けることができ、教授に連れられてテレビ収録の見学にも行った。

　しかし、東京の生活に慣れてくる一方で、気になるのは地元のニュースだった。米の値崩れで農家が困窮している問題や、地方の高齢化や過疎化の話を聞くと、他人事とは思えなかった。そのような現実を身近に感じられる私だからこそ、地方公務員になって伝えていけるのではないかと思った。結局、幼少時代から見ていた祖父母の姿が影響したのかもしれない。

　母方の祖父は公務員だった。その影響を受けたようにも思う。

阪東's アドバイス

　なかなか、父親や母親に、昔のことは聞きにくいものですが、就職活動のためと説得しましょう。とくに、実家が家業を営んでいたり、オーナー経営者だったりする場合は「継ぐ」「継がない」という選択もあるので、そこははっきり意思表示をすることが大切です。

　また、女子に多いのですが、Uターンしろと言われる場合もあり、十分に話し合う必要があります。Uターンしないと決意したら、親の了承を得るべく説得しなければいけない場面も当然出てきます。

ここ数年は男の子の人気上位が野球やサッカーの選手、医師、YouTuberなどの動画投稿者、女の子の人気上位も医師、食べ物屋さんや看護師さん、イラストレーター、保育園・幼稚園・学校の先生などです。

みなさんも子どものころになりたい職業があったはずです。思い出せないようなら、親に聞いてみましょう。案外知らなかったことや忘れていたことがあるかもしれません。それらを徹底的に調べてください。自己分析用の自分史作りに役立ちます。

また、**父親がなぜ今の職業に就いたのか聞いてみましょう。自分の「職業観」が変わるかもしれません。母親も同様です。**当時はお見合いでの結婚とともに職場結婚が少なくなかったので、もしかしたらみなさんの両親もそうかもしれないですね。

また、両親が50歳代前後だとすると、若い頃に「ＩＴバブル」とその崩壊を経験していると思います。その頃に起きた大きなイベントや事件・事故について聞いてみましょう。ヤマンバファッション、東海村ＪＣＯ臨界事故、ＮＴＴドコモのｉモードサービス開始、電子掲示板２ちゃんねる開設、2000年問題、ミレニアム騒ぎ、東京ディズニーシー開園、アメリカ同時多発テロ事件、イラク戦争など、鮮明に覚えているはずです。

自分史で、高校以降の友人・知人、先輩、先生からの影響を知る

両親や祖父母など、血縁関係のある人たちのほかにも、みなさんに「影響」を与えている人たちがいます。

高校や大学のクラス、ゼミ、サークル、体育会の友人・先輩、母校の先生、アルバイト先の仲間などです。最近では交換留学も盛んになりましたから、そこで知り合った人もいるでしょう。多くの人たちが参加するボランティア活動でも仲間ができます。教職課程や、セミナーなどの就職活動を通してもさまざまな人たちと出会う機会があります。

これらの人たちのことも、別冊の書き込みシートに記入してみましょう。受けた影響が見えてくるはずです。

右ページでは、海外でのボランティア活動を通じて、現地の人々の暮らしぶりや思いを知った、戸田さんの例を紹介します。

W大学大学院1年生・戸田さん（女性・ボランティア体験）の例

「フィリピンへボランティアに行って」

　学部1年生の時、フィリピンへボランティア活動に行った。

　首都マニラのスラム街に3日間、ホームステイをすることになった。

　私がお世話になった家族は、夫婦と幼い子ども1人の3人家族だった。ティラピアという淡水魚の丸焼きやバケツの水で体を洗う生活に、最初は戸惑った。そんな私の様子を見て、フィリピン人のお母さんが私の持ってきた本『旅の指さし会話帳』をなぞった。「つらい？　ごめんね」私は慌てて首を振った。そして、彼らの気持ちを想像できなかった自分を恥じた。

　別れの時、そのお母さんが渡してくれた「手作りの小物入れ」は、今も私の机の上に、思い出とともにある。

阪東's アドバイス

　海外でのボランティア経験を語る学生は意外に多いものです（とくに、マスコミや商社などを志望する学生に多い）。そのため、ライバルたちの経験に埋もれないようなエピソードを語る必要があります。

　その意味で、戸田さんの体験はやや「アピール力」に欠けます。それは、とくに海外の貧困層が暮らす地域に行ってボランティア活動をする学生が珍しくないからです。

　中東やアフリカなどの「珍しい国」を旅する、現地で「独自の活動」をしている場合を除いて、「安易に」自己ＰＲに使わないほうがいいでしょう。

　使うときはエピソードに自信を持つのではなく、そこから得た「学び」に重きを置いてください。ボランティア活動をした学生は、その経験に自信を持つあまり、学びを疎かにしがちです。

　一方で、国内での林業体験や農業ボランティアは、あまり学生は好みませんが、最終面接に出てくる年齢層の高い役員クラスには高く評価される傾向にあります。

「自分史年表」を作り、
自己分析につなげる

幼いころから現在までの「自分の歴史」を書き出す

かつて『超入門 成功するプレゼンテーション』という本がありました。残念ながら、現在は絶版になっており、インターネット上の「ユーズド（古本）」を扱うサイトで購入するか、国立国会図書館などで閲覧するしかありません。

しかし、発売当時は新人営業マン向けのマニュアル本として有名になりました。当時現役だった、富士フイルムのPR部門会社の森田祐治元部長が実名で書いたという話題性もありましたが、中身も森田氏の20年の営業マン・宣伝マンとしてのノウハウやアイディアが詰まっていました。**その本の中で森田氏が提唱していたのが「自分史年表」作りです。**

これは右ページの例のように、A4またはB4の紙1枚に自分の0歳から現在までの出来事を、書いていくものです。

自分の幼いころのことは覚えていないので、親に聞いたり、アルバムを見たりしないと、無理かもしれません。小学校の高学年ぐらいからは何となく記憶があるはずです。中学生や高校生のころには、日記をつけていた人もいるかもしれません。幼いころは横に1行がせいぜいかもしれませんが、成長するにつれて記入できることも、増えていきます。

夏季五輪での男子体操や、冬季五輪でのフィギュアスケートの活躍など、時代と関連させるのもいいかもしれません。地元であった大きな（有名な）イベントや、事件・事故などもあるでしょう。

この「自分史年表」を書くことで、自分を見つめ直すことになり、それが自己分析につながります。176ページから参考のための年表（事件史）を載せておきますので、自分史年表作りに役立ててください。

国立Ⅰ大学・大林さん(女性・商社内定)の例

「父方と母方の祖父母から受けた影響、学んだこと」

　静岡の父方の祖父母には、小さいころから田舎の農業の苦労話を聞かされていた。自分自身は、農家を継ぐのではなく、そのようすを伝えていきたいと思った(苦労話ばかりで、農業は継ぎたくないと思っていた)。

　仙台の母方の祖父母は堅い性格で「社会的に貢献できるような職業、安定した職業(公務員など)」を薦めていた。「社会的な貢献度」という点では、この祖父母の考えから影響を受けたかもしれない。

> このように、両親や祖父母からの影響などは、年表と別にまとめて書いてもよい

「自分史年表」

0歳

　静岡県三島市で長女として生まれる。父親は転勤族で、中学までは転勤のたびに家族も引っ越しをしたが、今は父のみの単身赴任が多い。

4〜6歳　幼稚園時代

　両親が共働きで、幼稚園が午後早く終わると、母が迎えに来てくれた。弟はまだ生まれておらず、家には誰もいないので、母の職場の駐車場に停めていた車の中で、絵本を眺めたり、お絵かきノートに落書きしたりしていた。飽きると、駐車場の白線の上に沿って歩くなどして遊んでいた。今思えば、当時の「治安」がよかったことに感謝する。幼稚園の年長組のときに弟が生まれる。母はパートを辞めたので、私は赤ん坊の弟と母と3人で過ごせるようになった。

7〜12歳(小学生時代)

7歳(1年生)

　三島でも、田園の広がる田舎の方に家があった。そのため、小学校が遠く、子どもの足で30分かかった。家は住宅団地の中にあったが、同じ学年(新入生)はもう1人しかおらず、6年間いっしょに通学した。

9歳（3年生）

　このときに教頭先生がかわった。教頭先生は毎朝、一人で校門に立って生徒に「おはよう」と声をかけてくれた。私と友だちはうれしくて、家を早く出るようになった。8時45分が、登校時間のぎりぎりだったが、8時に教頭先生が門を開けるのを待つようになった。一番乗りだった。一度は、台風か何かで休校の「警報」？が鳴ったにもかかわらず、友だちと私は小学校に行ってしまった。そんなときでも教頭先生は、校門に立っていた。私たちを待っていてくれたのだと、今でも、そう思っている。

10歳（4年生）

　地元の有名私立中学に行く生徒は進学塾に通っていたが、私は（たぶん親もそうだったのだろう）、地元の公立中学に行くことを決めていた。

　しかし、勉強で差をつけられるのが悔しくて、通信教育を始めた。教材が毎月送られてくるスタイルで、私は勉強方法を工夫し、テキストの国語の添削問題の締め切り日を卓上のカレンダーに書き込み、算数の第3回を8日にやる、というように計画を立てた。また、その予定よりも早く課題を終わらせることに快感を覚えた。このときに、計画して実行するという、私の勉強のスタイルが確立された。

> 「独学で行う勉強スタイル」を考えた点、物事に対し自発的に考えて計画・実行できる点はESなどでアピールできる

12歳（6年生）

　部活は科学工作部で、「スライム（合成樹脂のようなもので、最初は軟らかいが時間がたつと固まる）」を作った。部長に立候補して、自分からスライム作りを提案した。なんとか、部活の最後の日に成功した。それからの「マイブーム」はスライム作りだった。家で大量生産して、カメラのフィルムケースに色とりどりのスライムを飾った。

13〜15歳（中学生時代）

　地元の公立中学に進学した。私は小学校のときから、英語教室などに通っていた。あるとき、英語の授業で先生のスペルの間違いを見つけた。

今に続く興味・趣味のきっかけも、書き出すと思い出しやすい

あとでこっそり先生に教えると、驚かれたが、ほめられた。英語やほかの外国語に興味をもつようになったのもこの「事件」がきっかけだ。

部活：ハンドボール部

　私は走ることと球技が好きで、両方兼ね備えたハンドボール部に入った。なぜか、私の代は人数が多く、3チームに分かれて競争した。その中でチームワークの大切さを学んだ。また、自分も上手にならないといけないので、走り込みなどで体力をつけたり、帰宅しても自主トレを行ったりして、大変だった。ハンドボールは大学まで続けた。

　小学1年生からの友人である林さんが、あるとき突然、拒食症になった。最初はわからなかったが、本人が打ち明けてくれた。それまで気がつかなかった自分を恥じた。それからは積極的に話しかけ、相談に乗り、周囲には「彼女は大丈夫」と話し、偏見をもたれないように自分なりに努力した。完治まで、2年かかった。今でも連絡をとり合う友人だ。

直接自分のことではなくても「困難に直面して乗り越えたエピソード」として使える事例。多くのESでよく聞かれる。大学くらいがいいのだが、なければ、より年少のころの事例でもよい

　3年生のときに、浜松に父の転勤があり、転校した。転校先でも通信教育で勉強して、浜松地区でトップの県立高校に進学できた。塾にも行ったが、マイペースでやれる通信教育が、自分には向いているようだ。

運動部（部活動）は、体力や上下関係についてアピールできる

16〜18歳（高校生時代）

　進学した高校では、ハンドボール部と併せてボート部にも入った。体育の佐藤先生の誘いで、最初は見学だったが、自然の中でのスポーツに関心をもった。「ダブルスカル」という競技を主にやった。ふだんは浜名湖で練習をし、合宿は紀伊山地の大自然の中にある宮川で行った。ボートの中で初日の出を見て感動したこともある。タイムが速くなっていくのが楽しみだった。

　高校時代の友人で、親しかったのは2人いた。

　さすがに高校では独学ができず、勉強仲間5人ぐらいで国立大学を目

ざして勉強した。その中の三井さんは読書家で、博学だった。彼女と話していると飽きなかった。読書をするようになったのも彼女の影響だ。

　もう1人は、地元の女子サッカークラブに所属していた池田さんだ。彼女はボーイッシュでかっこよく、浜松から大阪まで1人で買い物に行ったりする行動派だった。大学も関東の国立大に入り、大学選手権でも活躍するスター選手になった。

19歳（大学1年生）

　東京の国立大に入った。最初は、自宅と学校の往復だったが、単調な生活でかえってリズムが狂った。それで、ハンドボール部にまた入った。体育会だったが、人数が少なく、週3回の練習ながら、1つでも多く勝つことを目標にがんばった。生活面でも健康管理にも気を遣うようになり、自分で、野菜料理などもつくった。また、先輩から勉強や就職活動の話も聞けて、2、3年生のときに役立ったのがよかった。

　趣味は大学に入って2つできた。親の仕送りが少なく、奨学金やアルバイトで生活していたので、家計簿をつけるようになったのが1つ。買い物をしたら、家計簿に金額を書くようにした。そして1週間、1か月ごとに1日の平均を出した。すると、お金の使途の傾向がわかるようになり、自然と無駄遣いをしなくなった。いつのまにか、家計簿に書くことが趣味になり、また、メモを添えることで日記代わりにもなった。

　もう1つは映画観賞だ。ミニシアターは、田舎にはなかったので新鮮だった。あるとき、ブラジルの青年が起こしたバスジャック事件のドキュメンタリーを観た。青年の生い立ちを紹介するシーンで映し出された、ストリートチルドレンの映像などは衝撃的だった。

> 家計簿や日記は、つける人が少ないので「特技」として、ESのネタにすることもできる

20歳（大学2年生）

　夏休み、語学を磨くために、フランスの大学にオンライン留学した。英語は自信があったが、フランス語は、発音や動詞の活用などが難しくて苦労した。

オンラインの授業で知り合ったモロッコ（旧仏領）人の学生とズームを介してお茶会を楽しんだ。

21歳（大学3年生）

部活最後の年。関東女子の大会で7戦中5勝できた。この大会は現役として大学最後の大会だ。私は副キャプテンとして、6試合に参加した。また、幹部で話し合って、大会前は練習を週5回に増やす一方、ビデオで相手チームの動きをチェックしたり、練習メニューを考えたりした。

> 「仲間とともに物事を成し遂げた体験」は、協調性やチームワークをアピールできる

大学のゼミは「国際法」を選んだ。私のグループでは、4人で「国際紛争の際、傭兵に捕虜資格が与えられるか」を調べた。しかし文献が少なく、赤十字のレポートなどを軸にして、ようやく9月末に3万字のレポートが完成した。その作業の中で、チームワークの大切さを感じた。

アルバイトも、スポーツ関係で選んだ。最初はジムの器具やプールの掃除、健康ドリンクの販売と、「インストラクター」とは名ばかりの雑用係だった。アルバイトの先輩から「もっと笑顔で、また会員のお客さまが来たくなるように心がけて」と注意され、客商売の厳しさを知った。それからは、気持ちを入れ替えて努力し、半年後になぜか、水泳のインストラクターに「昇格」した。お客さんは高齢者が多く、水中歩行の練習や、その個人別のメニューを作ったりする管理も任されるようになった。会員と親しくなると、世代が違っても、よもやま話もするようになり、これが面接で役立ったと思っている。

> この事例は「困難に直面→分析→解決」のネタになる。ただし、アルバイトネタとして、平凡な塾講師やファストフードは触れないほうがいい。もし書くときは独自の工夫が必要だ。たとえばハンバーガーチェーン店の場合、バイトから見た店長の苦労や、年々コーヒーのふたが薄くなっているのに気づいたことなど、ふつうは見逃しがちな細かいところをESに書ければ差別化できる

阪東's アドバイス

　この大林さんの自分史を分析します。みなさんにも彼女のキャラクターがわかると思います。下に書き出してみましょう。

①まず、非常にまじめです。これは「性格診断」をするまでもありません。
②努力家です。それに伴って成績も優秀です。
③経済的に豊かでないながら、家計簿をつけることで生活をコントロールしています。「苦労人」のイメージは自己アピールできる大きなポイントです。
④語学力があります。自前で社員教育ができる大企業はいざ知らず、ふつうは英語や第2外国語などが話せるというのは、大きな自己アピール材料です。とくに近年は、中国語の会話力が留学レベルであれば、他の評価が平均より低くても採用されやすいようです。
⑤体力があります。これがいちばん重要かもしれません。彼女は、弱小とはいえ、大学の体育会に所属しています。精神力を支えるのは体力が重要な要素になります。就職活動で企業側の人事担当者（採用）が注目するのが、体力です。
⑥上下関係への理解です。体育会であれば、先輩、後輩、コーチなどの上下関係も「心配ない」といえます。企業に入ると、上は社長、役員から、部長、課長、係長という「縦」のラインができています。それをしっかり見極めないと、「サークル仲間」のような感覚になり、失敗することが多いのです。

　人事・採用担当の責任者は、「取引先との関係」「上下関係」に新入社員が慣れるように極力アドバイスを行っています。また、最近では「SPI3」をはじめとした、ウェブ上での「性格診断テスト」を実施する企業が増えています。「後輩の面倒はよく見るほうだ」「上下関係はしっかり守るほうだ」などの設問項目に対して、4～5段階でマークをつけるというものです。

　企業はこのような取り組みを通して、面接の中では見ることのできない「協調性」や「ストレス耐性」を審査しているといっていいでしょう。

　このように、人物重視の傾向は、今後、どの社でも強くなります。学歴や筆記試験の結果だけでは、もはや通用しません。精神的にタフな人材が必要とされるのです。就職活動で体育会が「有利」なのは、まさにこの点にあります。

　では、次の例を見てみましょう。

関東国立大学・神田さん（女性・IT大手内定）の例

「自分史年表」

0〜6歳

> 自分の記憶にない、乳幼児の頃のことも親や祖父母に取材して、書き留めておこう

　広島で生まれた。すぐに両親が父方の祖父母の田舎・三次で理容院を始めたので、そこに引っ越した。開業したものの、最初は親戚しか客が来ないので、苦労したという。母は経理の仕事もこなし、町内会の催しなどにもこまめに出て、営業もしたらしい。また実家の周りは田んぼに囲まれていたため、寝室にカエルが入ってくることもあった。

> 負けず嫌いな性格は、競争意識やストレスへの耐性が求められる社会人にとっては、メリットになる

7〜12歳（小学生時代）

　成績がよく、算数の先生からひいきにされていた。しかし、そのことで執拗にライバル視してくるようになった男子がいた。彼も成績がよく、大体の教科で1位をとっていた。この頃から負けず嫌いだった私は、算数以外も猛勉強をして、全教科で1位をとった。ライバルである男子とは小中高と同じ学校だったが、彼は今では東大医学部に通っている。

> 祖父母との良好な関係は「年配者とのコミュニケーション能力」があることをアピールできる

　両親は理容師の仕事で忙しかったので、学校帰りは近くに住んでいる父方の祖父母の家で夕食と風呂を済ませていた。両親は土日も仕事だったため、祖父母に遊びに連れて行ってもらった。

13〜18歳（中学・高校生時代）

　中学時代に通った塾の小島先生は、2人いる恩師のうちの1人。よく塾の授業が終わったあとに、部活や進路の悩み相談に乗ってもらった。今でも帰省するときは小島先生に連絡をとり、話を聞いてもらっている。中学に入学して初めて観た芝居に感激し、演劇部に入部。体育会系で、「先輩が動いとんのに、新入生は何しているんや！」と怒声が飛ぶ。私は演技の才能は皆無だったが、毎日部活に行き、先輩のセリフの言い方、動き方を

観察し、台本に書き込んで、家で鏡の前で練習していた。初めて主役に選ばれたときは人生でいちばんうれしかった。もう1人の恩師は、演劇部顧問の毛谷先生。いつも厳しいうえに、芝居に関する妥協は一切なかった。

　私はJR芸備線で片道2時間の遠距離通学をしていたので、授業中は眠かった。成績は学年200人中30番前後。部活に精を出しすぎて、これ以上は成績が上がらなかった。高校3年生のときは特進クラスに所属していたが、成績上位に入るのは無理だろうなとうすうす感じていた。親からは「うちは貧乏だから浪人も私立もだめ。現役で国立に受かれ」と言われていた。どうしても関東に出たかった私は、国立の確実なところを受験した。有名私大へのコンプレックスができた。

> これらのコンプレックスは「なにくそ」という「負けず嫌いな性格」に変換できる

　演劇部の同期にいた小田さんという子は、病弱で部活もたまに休んでいた。しかし、顔が可愛く、社交的なので先輩から気に入られていた。努力もしないで先輩に気に入られていたことが非常に悔しかった。可愛い子に対するコンプレックスがこの頃からできあがった。顔では勝てない私は「なにくそ」と思い、先輩から出されるお題でダジャレを毎日作るなど、いろいろやって「あいつは面白い」という評価を得た。

　遠距離通学だったので、朝6時に家を出て夜9時に帰る生活だった。母も理容師の仕事で忙しく、弁当のおかずは冷凍食品がほとんど。正直言ってあまり好きではなかったが、きちんと完食するのがせめてもの親孝行だと思い、私たちきょうだいは文句を言わなかった。

> 「親の苦労への感謝・共感」や「親との会話」は、親と近い世代の面接官に「この子とは話せそう」とよい期待感を持たせられる

　休日も部活の練習があり、親と一緒にいる時間は少なかったが、そのぶん一緒にいられるときはたくさん話をした。とくに父親は物知りだったので、洋画から株のことまで何でも教えてくれた。

　父方の祖母が、私が中学二年生のとき救急車で運ばれて、ペースメー

カーを入れて戻ってきた。45kgもない痩せ細った祖母の胸にこぶし大の異物が入っていることがはっきりとわかった。そのせいで、祖母は温泉に行きたがらなくなった。

> （自分でわかっていればよいことだが）もう少し祖母への心情を書き出しておいてもよい（作文のテーマになるネタである）

19歳（大学1年生）
サークル

演劇サークルに所属するも、中学から大学まで演劇しかやってこないのは視野が狭くなると思い、いろいろなことにチャレンジしたいと考えて、途中で脱退。そして、ビジネスプランコンテストに有志で出場するサークルに所属した。親が経営の話を教えてくれていたことから、ビジネスには興味があったのだ。4人チームで出場し、審査員の前でプレゼンして順位を決めるビジネスプランコンテストに毎年夏参加した。1年目は、チーム結成から決勝戦まで約4か月しかなかった。新規ビジネスプランを考案し、ニーズ調査のため店舗でアンケートや聞き取りを行い、財務諸表まで自分たちで作るという過程は勉強になった。

> 「チャレンジ精神」「視野が狭くなることを心配する」などは、向上心のアピールに。また「ビジネスプランコンテスト」への参加は、即戦力になりうるポイントとして、面接官から内容について深く突っ込んだ質問をされる可能性があるので、準備をしておこう

自主映画の制作

演劇サークルの活動の一環として、自主映画を制作することになり、台本も自分たちで書き下ろした。大筋はズームや対面で議論を積み重ねた。郊外の人気（ひとけ）のないところで撮影をした。私の役目は、茨城のフィルムコミッションにロケ地の相談をしたほか、撮影許可の申請や弁当・お茶の買い出し、出演役の仲間の世話など、裏方に徹した。

> 裏方的な仕事は、企業活動の多くを占める。「自主映画の制作への参加」も「映像機器の搬入・搬出」も、裏方的な仕事への適応をアピールできる

アルバイト（映像機器の搬入・搬出）

初めてのアルバイトは、テレビ局やイベント会場に映像機器を搬入・搬出する仕事だった。当時はテレビ業界に興味があり、裏側を知りたかったのだ。社員は高卒後すぐこの世界に入った人が多く、初日に「大学生は使いにくいんだよなぁ」などと言われた。そこで、率先して5kg以

上あるプロジェクターを1人で運んで驚かれた。拘束時間は、長いときで10時間に及んだ。

1人旅

「1人旅」は年配の面接官との共感ポイント

大学に入ったら種子島に行くと決めていた。天体望遠鏡を買うほど星や惑星が好きだったので、種子島宇宙センターはぜひ行きたかったのだ。アルバイトで貯めたお金で夜行バスとフェリーを乗り継いで、種子島に到着。宇宙センターからバスでゲストハウスに帰ろうとしたが、雨でバスが運休だった。困った私は、初めてのヒッチハイクをした。乗せてくれたのは、サーフィン帰りの若い男女だった。金髪の人は怖いという偏見が払拭された。泊まったゲストハウスに同年齢の女の子がいた。高校卒業後、1年のうち半分はアルバイト、半分は旅行をしているのだと言う。今まで出会った人にコメントを書いてもらっているというノートを見せてくれた。北は北海道から南は種子島まで、いろいろな人が寄せ書きのようなものを書いていた。種子島に1週間滞在してから次は屋久島に行くのだと言う。私が「私は明日には東京に戻る」と伝えると、「何かせわしいね……」と悲しい表情をされた。

20歳（大学2年生）

サークル

昨年に引き続き、サークルの有志とビジネスプランコンテストに参加した。自分の顔に対するコンプレックスをヒントに「メイクのオンラインレッスンサービス」を考案した。ニーズ調査のため、横浜駅近くのデパート内の美容部員さんやお客さんにヒアリングを行った。いくつかの店舗では「学生がビジネスなんて……」と断られたが、「これ買うので、少しお時間よろしいですか？」などと話を聞かせてもらえるように工夫をして、地道に聞き取りを続けた。その結果、「育休中や引退した美容部員は自宅でメイクを教えたいようだ」という意見にまとめ、47チーム中2位になった。

海外旅行

　海外旅行は大学のゼミ研修で、韓国を訪れた。ソウル大学の１年生の前で自分たちの研究発表をし、その後、居酒屋で飲んだ。最初は英語で当たり障りのない会話をしていたが、次第に恋愛や徴兵制の話で盛り上がった。韓国では、たとえ好きでも女性は一度目の告白でOKしてはいけないらしい。男性に何度も告白させるのだ。また、もうすぐ徴兵だがそのことをどう思うか聞くと、「その間勉強できないのが辛い」と答える学生もいた。

> 韓国へのゼミの研修旅行のネタもただの旅行と違い、文化や徴兵という社会制度などの違いを上手に表現している。これもここ数年日韓関係が緩和してきたなかで、時事ネタとして使える。時事に関心がない学生が多いなかで、自己PRになる

21歳（大学３年生）
アルバイト（IT企業）

　ITスキルを身につけたいと思い、新宿にある社員数50人ほどのIT企業でアルバイトを始めた。電話応対や打ち合わせの議事録作成、コラム執筆やサービス説明動画作成と、何でも任された。いかにIT業界が人手不足か思い知らされた。

> 自己研鑽の目的をはっきりと持った
> アルバイト選びは高評価のポイント

ゼミ

　ゼミではジークムント・フロイトやジャック・ラカンの原著を読み、現代のさまざまな現象に精神分析や社会学の理論を応用させていた。研究テーマは自由度が非常に高く、上の代はアイドルや母子密着、漫画や映画などさまざまな研究をしている。私の研究テーマは、「競馬からみる『ハマる』現象」だ。競馬初心者を競馬に連れて行き、話を聞き、興味を持つ過程を調査した。今まで10人ほどを競馬場に連れて行った。「競馬に行こう」と誘うと断られることがあるので、他のイベントと抱き合わせで誘うことにしている。いずれもネットで予約できるので便利だ。

> 「競馬」「鉄道旅行」も年配の面接官との共感ポイント

サークル

　３年生のとき新たに「鉄道旅行サークル」に入った。夏のイベントで、OB・OGも集まり、上は70代の人も参加した。鉄オタが多く、私が自己紹介で「芸備線で通学していました」と言うと歓声が湧いた。

海外旅行

　米映画『シービスケット』(競走馬とそれを取り巻く人々の物語)に影響を受け、ブリーダーズカップのためロサンゼルスに行った。

　入場してすぐ、社交場の雰囲気を感じた。女性はシックなワンピースに飾りのついた帽子、男性はジャケットの人が多かった。ベンチも多数用意されており、メインレースの前にベンチに座りながらオッズの書かれたパンフレットを眺めていると、隣に座っていた貴婦人が「素敵な靴ね」と英語で話しかけてきた。そのとき履いていたのは、数日前に日本で買ったブーツだった。歩きやすいという理由だけで履いてきたので、まさか現地の人からひと言目で靴をほめられるとは思わなかった。貴婦人は着目するところが違うのだと思った。

> ボランティアネタはそのまま人情物の作文になる。エントリーシートなどで、自由記述欄がマスコミだけでなく一般企業でも増えてきている。そのときに、酪農の作業のシーンなどの写真を貼って文章を書けば、写真でイメージをダイレクトに伝えられ、優れたものになる

ボランティア(酪農体験)

　大学1年生のとき、酪農体験をしに1週間、茨城の鈴木牧場を訪れた。家族経営の牧場で、90頭ほどの牛の世話を主にお母さんとその娘婿の博さんの2人でしていた。博さんは33歳で、昔は公務員だったという。「僕もまだこの仕事始めて1年ぐらいなのでわからないことが多いです」と笑いながら、作業を教えてくれた。餌はサプリメントやビールなどを含めて10種類ほどあり、牛ごとに量も違う。最初の3日は覚えられず、毎回博さんに確認していた。その度に彼は親切に教えてくれた。博さん一家には、9歳の将太君と3歳のかなちゃんがいる。食事の時間になると、私が寝泊まりしている離れに2人呼びに来てくれる。

　2日目、家族全員で夕食をとり、私が自分の部屋に戻るときにかなちゃんが「ばいばい」と手を振ってくれた。そのとき初めて気づいたが、かなちゃんの左腕はひじから先がなかったのだ。

　普通ならばひと目見たときに気づくだろうが、博さんの家ではあまりにも周囲がかなちゃんを将太君と同じように叱ったり手伝いさせたりし

> ていたこともあり、私はその瞬間まで気づかなかったのだ。私がかなち
> ゃんを見ているときに博さんが言った「子どもってすごいんですよ、い
> つの間にか育つんです」という言葉が忘れられない。

阪東's アドバイス

　この神田さんの自分史を分析します。評価できるのは以下の点です。

①親や祖父母に直接聞くなりして、育った環境がよくわかる点です。祖父母や親の苦労が伝わってきます。このように、親が自営業だと、子どもは「親の背中を見て育つ」と言われます。そのため、親がサラリーマンや公務員の家庭よりも「育ちがたくましい」のを自己PRできます。

②負けず嫌いで、根性がある点を自己PRできています。これは会社という組織の一員としての強みとなる「自分を犠牲にする」「プライバシーがないというストレスにも耐えられる」という印象を人事担当者に与えることができます。

③酪農体験などの2K（汚い、きつい）ボランティアでも耐えていて、かつ体験から学んでいるので、論作文のネタになります。新型コロナの影響で体験型ボランティアは減っていますが、探してみてください。

④1人旅が多い点は注目されるでしょう。「最近の若者は1人旅と読書をしない」とよく言われますが、その点、神田さんは1人旅で種子島、アメリカに行っています。好奇心が強いことは、とてもよいポイントになります。

⑤競馬が趣味である点も同様です。これは会社に入ってから役に立ちます。自分の父親ぐらいの年代の上司や取引先の中高年は競馬をやっている人も多いので、趣味が合うことは強みになります。

⑥IT系の企業でアルバイトをしている点も、将来の就職を考えたうえのことで、評価できるでしょう。これは本番でIT系企業を受けるときに強みになるポイントです。アルバイトをきちんと務め上げたのであれば、タダ働きのインターンシップよりよいポイントになります。

　また、0歳からの記憶はないので、祖父母などに取材して、育った環境を書いておくとよいでしょう。

関西私立大学・大谷さん（男性・大手マスコミ内定）の例

「自分史年表」

0〜6歳（誕生〜小学生以前）

　宮城県北部のA市に生まれる。父は中学校の理科教員、母は専業主婦。兄弟は弟が1人いる。

> 就学前の児童が本が大好きなのは売りにはなるが、祖父母に絵本を買ってもらったとか、NHKの「おじゃる丸」を母親に見させられたなど、もっと「幼児」らしい体験を両親や両祖父母に聞くとよい

　とにかく本が大好きで、ご飯のときも本を読もうとして怒られ、本棚の本をヒモで括られて大泣きしたことを覚えている。

　お気に入りは新聞記者の主人公が世界を旅する漫画『タンタンの冒険旅行』シリーズであった。

　あいうえおは母親が教えてくれた。

7〜12歳（小学生時代）

　小学校に入ると、友達とつるみ始め、インドア一辺倒だった生活も変わった。大きな農家をしている友達の家や、放課後神社などでかくれんぼ、鬼ごっこに明け暮れた。

> 楽天球団の話はとても良い。野球が好きな人事や、また最終面接などに登場する役員もエントリーシートを読むので、このネタはそこで使える。このように自己分析はエントリーシートへ応用できる。その典型例だ

　仙台を本拠地とする楽天球団がきっかけで、野球と出会った。毎日、15、16人で放課後校庭に集まっては、草野球に明け暮れた。かっこいいユニフォームやベースなどの道具、ちゃんと18人で試合をやっている少年野球チームにあこがれた。

　この頃、友達の紹介で桑田佳祐の音楽に出会い、一生ハマり続けることになる。みんなと同じ中学に進みたかったが、小学6年の時、父の転

勤で引っ越すことになる。進学予定だった学校が荒れていたこともあり、うしろめたさと寂しさでいっぱいであった。転居直前に馬場俊英のCDをくれた6年3組の先生とは今でも連絡をとりあっている。後にも先にも、卒業式で泣いたのはこのときだけである。

> 震災体験は10年以上経った現在でも、不謹慎な言い方になるが自己PRになる。困難を経験して、それをどう分析するか人によって大きく違うからだ。また志望職がマスコミの報道や公共性の高い仕事、県庁・市役所や消防、警察、自衛隊、医療、福祉などの場合は「志望理由」としてエントリーシートに書くこともできる

＊2011年3月、小学生のときに、東日本大震災が起きた。揺れの後、校庭の隅で、友達と隠れてワンセグを見ていたら、津波の映像が映った。本当に死ぬかもしれないと思った。ものすごい量の雪が降る中、集団下校した。停電の中、手回しラジオにかじりついて情報収集を行った。デマも多く、常におびえていた。このときの体験が記者志望の原点になっている。

どの店にも、列を作って買い物をしなければならない状態だった。ある日、早起きして買い物に行かなければならないところを寝坊し、母に根性なしと怒られた。なにくそと思って勢いで自転車に乗り、買い物に走り回った。走行距離は30km。母に根性を見せた。

この経験があるため、2024年元日に発生した能登半島地震による大災害は身につまされる。私が住んでいる地域も結構揺れて、当時のさまざまな思いが甦った。可能な限り、ボランティア活動にも参加させてもらおうと思っている。

13〜15歳（中学生時代）

中学入学と同時に仙台に引っ越して思ったのが、周囲の幼さであった。恋愛とか、先輩の話とか、映画とか……そういう話題が出てこない。田舎の子供のほうがませている。それでなくてもよそ者なので、周囲から浮いた。母にその話をしたら、「やっぱり引っ越さないほうがよかったかね……」といって泣かれてしまった。

　しかし、野球部のメンバーを中心に、夏ごろからだんだんと打ち解けていった。頼れる友達も発見し、学校生活が楽しくなっていった。

　部活の後、毎日のように「自主練」と称して近くの河原でたむろし、8時過ぎまでしょうもない話をしていた。

> この「野球」での努力は自己PRになる。この学生は最後まで読むとわかるが野球で就活に成功した部分が大きい。中学や高校から体育会系の一貫した野球、陸上、テニス、サッカー、バスケット、ハンドボールなどの部活の経験者は同級生や顧問などの先生に再度「取材」をしておきたい

　私は中学校から正式に野球を始めたので、少年野球やリトルリーグ上がりの選手にコンプレックスがあり、必死に練習した。3学年で70人近い大所帯で、2年の秋からレギュラーをつかみ、副主将も務めた。新人戦も夏の大会も、県大会ベスト8まで進んだが、真剣に全国大会に出られると思っていたので、最後は本当に悔しかった。

　学級委員や合唱コンクールの指揮者も務めたが、お堅い役割は向いていないと自覚していた。

　しかし2年の秋に、わが校史上初の「生徒会長立候補者ゼロ」という事態が発生し、記名式の投票で選ばれてしまった。

　部活のことしか考えていない人間だったので、とても苦労した。1、2年生のころからの生徒会役員にしてみれば私は外様であり、作る文書一枚、スピーチの一言に難癖をつけられた。彼らとの折衝はかなり骨が折れたし、部活との両立も大変だった。

　勉強は人並みにしていたが、本格的に始めたのは部活を引退してからである。家からずば抜けて近く、野球部もまじめにやっているという理由でS高校を目指した。校則や進路指導なども緩く、楽しそうだと思った。数学が致命的だったが、冬休みは家にこもって特訓した。親が「金がもったいない」というので、塾には行かなかった。しかし、コンプレックスが力になったので、むしろよかったかもしれない。2月、推薦入試で合格した。合格後は中学の部活に混ざり、強豪私学へ行く友人と練習していた。

16歳（高校1年生）

　4月に参加した応援団による応援練習は100年の伝統ということで非常に厳しく、萎えそうになったが上級生のフォローで何とか持った。

> ここも自分の売りになる。パワハラがここ数年、問題になっているのは2015年12月の電通の新人の過労自殺などがきっかけだ。いまの日本企業の残業時間の短縮など労務問題もこのことがきっかけだ。採用側としては学生が残業時間や実質的な休みを聞くので、配慮はしている。慣れない新人には先輩がカバーするなど配慮をする所が多くなっている

　部活はきつかった。先輩の迫力が中学とは比べ物にならず、たびたび理不尽なことも言われた。練習もハードで、毎日最後に50m走を20本するのがきつくてしかたがなかった。

　一度、体力的にも精神的にも限界になり、退部を真剣に考えたことがあったが、父の「まだ何の結果も出てない、やめるなら、何か結果が出てからにしたらどうか」という言葉や、自分から野球を取ったら何が残るんだろうということを考えたことから奮起し、継続を決意する。部員は少なく、試合にはすぐに出られるようになった。

　幸い、同期はいいやつばかりで、一緒にいて楽しかった。夏休みは朝8時から夕方6時過ぎまで学校にいた。夜は校門が閉まった後も残って練習していたので、みんなで自転車を持ち上げて校門を乗り越えて帰っていた。同期で1人、ある先輩の理不尽に耐えられず退部した。引き留めに行ったが断られた。一緒に先輩と戦ってあげられなかったことを、とても後悔した。

> この部分はさすがに不要だ。「気分のむら」や極端な成績不振など弱点は書かなくてよい

　勉強はさっぱりだった。授業の時間がやってくるのが恐怖で、ひたすら寝て現実逃避していた。一度、2学期の期末テストで、数学で16点を取り留年の危機が迫ったが、大雨で追試が流れて事無きを得た。

> この母親との洗濯機をめぐる親子喧嘩はおもしろい。「母親ベッタリ」の男子が増えている。厳しい親がいることは家庭での躾(しつけ)がきちんとされていることの証明だ。採用担当者や人事も安心できる

　このころ、ユニフォームの下洗いを何度かさぼっていたら、母にものすごい剣幕で怒られ、そこまで言わなくてもいいだろうと応酬して大喧嘩になった。以後、家の洗濯機使用禁止令が発令され、私はユニフォームを近くのコインランドリーで洗うようになった。もちろん、自費である。これは引退まで続いた。

17、18歳(高校2、3年生)

　春休み、さすがに焦って勉強したところ、年度初めのテストで好成績を取った。

> スポーツをやる学生が理論書や有名選手の「技術書」を読むのはとても売りになる。これもエントリーシートの「趣味欄」に「野村元監督の本」「大矢明彦の本」と書ける。また人事との会話の中で話をして「読書」をしていることをアピールしたい。それほど採用側は「若者の読書離れ」を危惧している

　4月、捕手不足のため捕手に転向した。野村克也氏や大矢明彦氏などの著書を読み漁り、捕手の技術を研究した。このころから野球が楽しくなってきた。正捕手になり、試合を自分でデザインする、キャッチャーの醍醐味を知り始めた。何人ものピッチャーとうまくコミュニケーションをとり、うまくその気にさせて……という作業は大変やりがいがあった。

　先輩が負けて引退すると、私は副主将になった。1番・キャッチャーが定位置で、秋の新人戦もとても充実していた。翌春の遠征では甲子園出場校のほぼ一軍に勝ち、敵校の監督に褒められた。

　3年生になってからは、盗塁が刺せなくて悩んだ。いろいろ工夫したがうまくいかなかった。最大の思い出は、5月の定期戦である。全校応援の中、ライバル校との伝統の一戦だ。6点差を逆転で勝利し、私個人としてはホームランも打った。野球人生で最高の瞬間だった。沸き返るスタンドに向かってガッツポーズを繰り返した。

この部分は不要かも。話が野球のことばかりになっている

　7月、最後の夏の大会は不完全燃焼だった。練習試合で引き分けていた相手に負け、そのチームは県大会でベスト8まで残った。最後のミーティングで、鬼コーチにあきれ顔で「お前らは、一生、負け続けだ」と言われた。

　この借りは大学で返すと一念発起し、野球の強い東京の私立大を目指してそこから1日に15時間は勉強した。模試の判定もよかった。何より世界史と地理をはじめ、勉強がだんだん楽しくなっていった。放課後の教室で、友人と将来の野望について話し合うのもとても楽しかった。あっという間に時は過ぎ、本番を迎えた。

　3月、本命の結果は惨敗であったが、結局、関西の私立大に受かり、人生初の関西へ行くことになった。

19歳（大学1年生）

　思っていたほど関西は怖くなかった。ただ部活に入るまでひたすら孤独で、これが一人暮らしかと痛感した。

　そんなとき、忍び寄るSNSの力は恐ろしいと思った。

　4月、アルバイトで塾の講師を始めた。急いでお金が必要だと考え、あまり吟味しなかったが、片道3kmあるので後悔した。

　5月、大学でも体育会の硬式野球部に入った。少し前までは新型コロナの影響により、集まって運動をする機会は少なかったが、もはやその影響もなくなり、チーム練習で毎日汗を流した。そして関西の夏は暑い。しかしクーラーを直すお金がなく、7月まで我慢していた。

コロナ禍を乗り切った後の部活動について、具体的に書く。あとは関西なら京セラドームへのプロ野球観戦なども書くとよい。2021年から関西拠点のオリックスがパ・リーグ3連覇を果たしている。最終の面接官は中高年なので野球ネタは評価が高い。

> この「関西のノリになじめず……冗談と本気の境目……」はとてもインパクトがある。大企業には関西系の企業も多い。また全国展開の会社は営業職などで、必ず関西に支店がある。関西の「お笑い文化」を理解していることもアピールできる。企業側の幹部、とくに役員は最終面接に登場する。その面接での「なごみ」「お笑い」を相手と共有できる可能性が高いのだ。この学生は関西が苦手な人が多い東北人なので、東北や関西出身の両方の役員に「受ける」

　関西のノリになじめず、なかなか同期には溶け込めなかった。冗談と本気の境目がよくわからず、無駄に張り切ったり傷ついたりしていた。一方、下宿している学部の友人とはよく話をして楽しかった。

　今思えば、みんな田舎の人であった。下宿で哲学の話とか、みんながやりたい学問の話をしていてとても刺激を受けた。

> 「旧制中学」から昭和50年代までの大学生は、下宿や学生寮で議論するのが日課だった。その世代の心の琴線に触れることができるかもしれない。携帯はおろか固定電話も下宿生にはない。ゲーム機もインベーダーゲームが日本でブームになるころで、酒を飲むか本を読んで議論するか麻雀するか、しかなかった時代だ

　大学では英語を頑張った。「元を取ろう」とネイティヴの教師をつかまえて話し込んでいた。図書館も好きで入り浸った。暇な日は映画も観た。『ブリッジ・オブ・スパイ』が面白かった。今、思えばこれらは現実逃避だった。

> アルバイトもエントリーシートに書けるネタだ。とくに宅配便や引っ越しの業者の肉体労働はとても良いネタだ。3K（きつい、汚い、危険）職場は多くの企業である。また大卒であっても例えば鹿島建設のようなゼネコンでも、新人は「飯場」や「キャンプ」と呼ばれる建設作業現場に3年は投入される。そこで下請けの会社の社長や職員と付き合う。飯場に耐えたらシンガポール支店や上海支店やアメリカに転勤となるのだ。三菱地所などの不動産でも同じだ。「大家」としてテナントの商店主などとの付き合いが必要になる。うまくやっていくにはトラブルが発生した場合の対応が相談できる相手を自分の人間関係で作れるかどうかにある。それは肉体労働時に酒を酌み交わすことで得られることが多い。さまざまな人生経験を積んだ人と知り合えて、面白い話を聞くことができるだろう

　年末には、野球部の合宿代を稼ぐためにヤマト運輸のアルバイトもした。夜通し重い荷物を運んで、1万5千円である。おばちゃんや怖いお

兄さんとも仲良くなった。そして稼いだお金は3月の合宿で消えた。

監督の方針で食事中は沈黙だったり、球場まで10km往復でランニングをしたりと、しんどい思いをして、しんどいことを再生産するのがなんだか可笑しかった。

20歳（大学2年生）

冬、バットを振り込んだためか、合宿から帰ってきた4月ころから打撃が好調だった。しかしなかなか、起用してもらえなかった。先輩が引退して空きが出ると、今度は不振になった。再び調子が上向き、初めてAチームに合流したころ、8月、練習で指の骨を折った。メンバーからは外され、同期がみんな公式戦でデビューしていく中で、焦った。

腐りかけ、留学でもしようと一時期真剣に考え、教授に相談したりもしたが、やはり野球は投げだせないと思い、地道にリハビリと走り込みをした。

> マスコミ志望ならこういう新聞への投書は「問題意識をもっている学生」と強調できて、他の学生との差別化につながる

このころ、思うことがあって新聞に投書するが、新聞社側によって論旨がほぼ書き換えられて載せられかけ、失望して掲載を断った。新聞はよく読んでいた。

けがからの回復後、11月の新人戦ではレギュラーで起用された。冬のトレーニングはしんどかったが、その合間にあった1月の成人式はとても楽しかった。朝まで飲んでいた。この年の合宿もしんどかった。

21歳（大学3年生）

春のリーグ戦前、それなりに打ってはいたのだが、またもベンチ入りを逃す。公式戦の時期は、試合をスタンドで応援するためだけに、往復1000円以上払って球場に通うことが苦痛で惨めだった。自分よりも不真面目で、実績もない選手がベンチ入りしていることが悔しくてたまらなかった。本当に自分はまじめに取り組めているのか？　具体的には何

が悪いのか？　それが思いつかない自分が悪いのか？　などとずっと考えていた。

　６月、代が変わり、自分たちの代になったころ、チャンスは巡ってきた。交代要員として試合に出始め、やっと試合で成績を残せるようになる。結果、秋のリーグでベンチ入りを果たし、やっとチームの一員になれた気がしている。

阪東's アドバイス

この大谷さんの自分史を分析します。

①積極性が文章全体からにじみ出ています。野球の部活でもプロ野球の元監督など指導者の本を読んで研究しています。

②東日本大震災の経験をアピールしています。これは運命というか偶然といえるかもしれない経験です。エントリーシートの中でも書けるし、自分の人生に大きな影響を与えた自然災害です。それをどう捉えているのか、自分の人生の「肥やし」にしているのか。被災体験のない人事や採用担当の役員からみると、人間判断の試金石として重要視していることは間違いないです。また、自分と同じような被害に遭われた能登半島地震の被災者に思いを寄せ、「ボランティア活動に参加させてもら」いたいと述べていることもポイントです。

　さらに、もしマスコミ志望であるなら、このような自然災害で全国各地へ取材に出向くことは多いので、取材への姿勢をアピールしておきたいところです。

③両親や祖父母などの家族についての表現が少ないようです。しかし、母親との洗濯機をめぐる描写は重要です。親子喧嘩をする学生が年々少なくなっているからです。また父親についても進路（部活）相談という要所での記述があります。最低限このくらいの記述は必要です。

④お金をめぐる苦労についても触れています。自分で稼ぐことを部活の合間にしており、時間の使い方が上手です。アルバイトばかりしている学生が多く、「ガクチカ」（学生時代に力を入れたこと）でそれを書く人も多いのですが、できればガクチカは大学の部活やゼミやサークルのことで埋めたいものです。ゼミや卒論などの学業がおすすめ。この大谷さんの自分史には、肝心の大学での専攻分野や卒論の記述がないのが残念です。

Q&Aから
自己アピールの
ポイントを見つける
──性格診断的アプローチ──

　自己分析は、1章で述べた「自分史作りからのアプロー
チ」とともに、本章で紹介する「性格診断からのアプロー
チ」で行うのが主流です。用意した31個の質問に答え
ることで、自分の性格や考え方が見えてきます。
　志望先の絞り込みに活用し、エントリーシートや面接
で行う自己アピールの材料を見つけていきましょう。

性格診断的なＱ＆Ａで、
自分の性格や考え方を分析する

> この章では、別冊第3部［自己分析のための性格診断・書き込みシート］をご用意ください。

31項目の質問に答え、それを基に仲間たちと意見交換をする

　自己分析の作業の中で、自分史作りに次いで重要なのが「性格診断的アプローチ」です。一般企業のエントリーシート（ＥＳ）でよくある、体験談を聞くような設問もありますが、あえて性格診断的アプローチに含めました。

　ここでは、自分のアピールポイントを引き出しやすい31個の質問項目を挙げています。 まずは、現役内定者の回答例と筆者のコメントを読み、次いで、別冊第3部の書き込みシートに記入してください。**最初から、しっかりと組み立てて書く必要はありません。回答例と比べながら「とりあえず」書いてみましょう。**

引っかけ質問には注意しよう

　ただし、中には「引っかけ質問」があります。 例えば63ページの「自分は運が強いほうだと思いますか。弱いほうだと思いますか」ですが、就職活動ですから、自分は運が弱いと思う人も、「プラス思考」をアピールできるように答えるのが無難です。また、ある大企業の人事部の人は「尊敬する人はいるか、と聞いて『親』と答えたら即落とす」と言います（50ページ参照）。**「引っかけ」の要素がある質問は、アドバイスにその旨を書いておきましたので、注意してください。**

　書き込みシートに記入をしたら、それを参考に、雑談でもかまわないので、就活の仲間と意見交換をしましょう。ＯＢ・ＯＧ訪問の際にシートを持参し、みなさんの「売り」となるポイントや会社との相性を分析してもらうこともできます。アドバイスをもらったら、それを参考に、適宜書き直してください。自分の性格や考え方、心理がわかり、志望先の絞り込みにつなげることができます。

　また、**面接でよく聞かれる質問も多く含まれています。自己分析と同時に面接の準備として、作業を行ってください。** 内定を一発で得られるとは限りません。めげずに「自己分析」→「面接」→「失敗」→「自己分析の練り直し」→「次の面接」を繰り返していくことが大切です。

■ 自己分析のためのQ&A一覧

1　尊敬する人はいますか（必ず親以外で答える）。

2　宝くじで百万円当たったら何に使いますか（預貯金や親にあげることなく、使い切るとして答える）。

3　都会が好きですか。地方が好きですか。必ずどちらかを選び、理由を述べてください。

4　特技は何ですか。そのきっかけは何ですか。

5　あなたのストレス解消法は何ですか。

6　あなたの短所と長所は何ですか。

7　留学したことはありますか。また、留学から何を学びましたか。

8　学生時代に直面した困難は何ですか。また、それをどう切り抜けましたか。

9　自分は運が強いほうだと思いますか。弱いほうだと思いますか。その理由も述べてください。

10　座右の銘はありますか。それを「持つ」に至った理由は何ですか。

11　社会人になったら、職場でどんなことに注意したいですか。

12　どの会社でも入れると仮定した場合、あなたはどこを選びますか。その理由も述べてください。

13　あなた自身を色にたとえると何色ですか。その理由も述べてください。

14　これまでの人生で嘘をついたことはありますか。あったら、それはどんな局面でしたか。

15　苦手なタイプはありますか。そのタイプの人とどう付き合いますか。

16　あなた自身を動物にたとえると何ですか。その理由も述べてください。

17　これまで、どのようなアルバイトをしてきましたか。いちばん印象に残ったものは何ですか。その理由も述べてください。

18　無人島で生活することになったとして、1つだけ持参を許されたら何を持っていきますか（人間、食料、水以外で）。その理由も述べてください。

19　お酒は飲めますか。また、宴会（コンパ）は好きですか。

20　あなたの故郷の思い出は何ですか。

21　インターンシップの体験はありますか。

22　（紙の）新聞は、就職活動でどう活かしましたか。

23　友人知人から受けた影響、学んだことはありますか。それはどんなことですか。

24　会社でよく使われるホウレンソウの意味は知っていますか。

25　あなたは外交的ですか。内向的ですか。その理由も述べてください。

26　あなたはプラス思考ですか。マイナス思考ですか。

27　恥ずかしく感じた体験はありますか。それをどう切り抜けましたか。または切り抜けられなかった理由は何ですか。

28　野球に興味（観戦を含めて）はありますか。なければどんなスポーツが好きですか。

29　友人からの相談ごとは多いほうですか。

30　第1志望の業種以外はどんなところを受けましたか。

31　これまでに遭遇した困難はどんなものですか。また、それをどう乗り越えましたか。

尊敬する人はいますか（必ず親以外で答える）。

［回答例1］

　渋沢栄一。『雄気堂々』（城山三郎著）を読んで尊敬の念を抱いた。近代国家の建設にまい進した日本人の気概に感動した。面接でこの質問が出たときには「自分も明治の人間の気概を受け継ぎ、日本の誇るメーカーの技術で世界と戦いたい」などと答えた。

　あとで人事担当の人に聞いたら、「父」と答えた学生は落とすことにしているそうだ。父は大切にするものだが、父親自身は「自分を越えてほしい」と思っているものだからだそうだ。

［回答例2］

　石橋湛山を尊敬している。彼は山梨県出身のジャーナリスト、政治家だ。ゼミの先輩から勧められた『石橋湛山の65日』（保阪正康著）を読んで感動した。

　戦前は自ら社長を務めた東洋経済新報社などで一貫して、軍などが主導した軍拡や植民地政策に反論した。なかなか勇気のある言動だと思った。ただし、彼は一部の官僚や軍内部からの支持もあり、逮捕されることはなかった。

　戦後は衆議院議員（静岡県選出）になり活躍、保守合同後の自民党総裁選挙で早稲田大学出身の初の総理・総裁となったが、在任1か月強で発病し、2か月強で退陣した。

　近年、彼の政策が政府内外から見直されている。

阪東's アドバイス

　尊敬する人を問われて、「両親」を挙げたら失格です。「親」を尊敬するのは当たり前です。また、親離れ（＝親にとっての子離れ）できていない家族と見なされることもあります。社会人は親から独立して自活し、会社の「ルール」「習慣」で行動するものです。会社のルールにも合わせながら、自分のやり方を見つける

努力が必要です。私が在籍していた出版社では、それができない人には「辞めてもらって結構です」と、上司がにべもなく対応していたものです。したがって、尊敬する人は親以外の人を挙げてください。中でも無難なのは、回答例のようにすでに亡くなった、歴史上の人物です。

ここで2人が挙げているうちのまず、2021年のNHK大河ドラマの主人公である渋沢栄一は幕末から大正時代にかけて活躍し、「日本資本主義の父」とうたわれました。2024年度からは新1万円札の「顔」になります。石橋湛山は今、超党派の議員連盟「石橋湛山研究会」が発足するほどに脚光を浴びている政治家です（1973年没）。2人とも「偉人」で、ケチのつけようがないのです。

もしあなたが生きている人物、例えば現役の国会議員を挙げたとすると、その人物を快く思っていない面接官がいるかもしれません。その面接官は「何だ、この学生は」と心の中で思うかもしれないのです。生きている人物を「尊敬する人」に挙げるリスクはそこにあります。また、現職の政治家も避けましょう。

あと、歴史上の人物が面接官や人事トップの好みに「合う」場合が多いこともポイントです。なぜなら、50～60歳くらいの年代の「価値観」に合致するからです。さらに、理想を持って生きた英雄を挙げることで、「こいつには夢があるな」とよい印象を与えられます。「将来性のある学生」「今は道端の石ころでも、磨けば宝石になるかな」と思わせることが大切です。

昔読んだ本や学校の先生の話などから、歴史上の人物を挙げることは難しくありません。例えば新潟県長岡なら、河井継之助や山本五十六が挙げられます。河井継之助は長岡藩牧野家の幕末期の家老です。日本にガトリング砲（機関銃のようなもの）を導入した人物で、司馬遼太郎の小説『峠』（新潮文庫刊）の主人公としても有名です。山本五十六は、太平洋戦争時の連合艦隊司令長官です。

実業界にも「偉人」「有名人」はいます。業界別に例を挙げてみます。

●小林一三氏
　関西の実業家。私鉄の阪急や阪急百貨店（現・エイチ・ツー・オー リテイリング）、宝塚歌劇や東宝、旧阪急球団（現・オリックス）などのエンタテインメントを創業した。（交通・娯楽）
●本田宗一郎氏
　「スーパーカブ」を60年以上も前に発売し、今や全世界で約1億台を売ったホンダの創業者。（自動車・オートバイ業界）
●松下幸之助氏
　「経営の神様」。和歌山県出身で自転車修理の小僧から電球の二股ソケットの発明など、一代で松下電器産業（現・パナソニック）グループを育てた人物。（家電業界）

阪東's アドバイス

●田中耕一氏
富山県出身。島津製作所に勤務。世界で初めて「サラリーマン」でノーベル賞を受賞した人物。(精密機器)

●孫 正義氏
佐賀県鳥栖市出身。在日韓国人として差別を受ける。久留米の高校を中退してアメリカに渡り、カリフォルニア大学バークレー校を卒業した。在学中からビジネスで成功。パソナの南部靖之、エイチ・アイ・エスの澤田秀雄と孫の3人は「ベンチャー三銃士」と呼ばれた。現在、ソフトバンク会長。

●鈴木敏文氏
コンビニエンスストアを日本で最初に作ったセブン-イレブンの元経営者。東京の江東区の豊洲にセブン-イレブン日本1号店を1974 (昭和49) 年5月にオープンした。最初に売れた商品はサングラスと言われる。(流通・小売業界)

●森 英恵氏
2022年に亡くなったファッションデザイナー。島根県出身、1948年に結婚した夫の実家である繊維会社の協力もあり、オーダーメード服を手掛け、映画の衣装で有名に。1965年にニューヨーク・コレクション、1977年にはパリ・コレクションに参加、注目を浴びる。雅子皇后の衣装をデザインしたことでも知られる。

親や祖父母なら、郷土の有名人はみんな知っています。それを「尊敬する人」に挙げるのも1つの自己分析です。なぜなら、みなさんにもその郷土の有名人の「血」が流れているからです。また、面接官も偶然、同郷かもしれないのです。

自己分析のためのQ＆A（2）→書き込みシートは別冊49ページ

宝くじで百万円当たったら何に使いますか
（預貯金や親にあげることなく、使い切るとして答える）。

[回答例1]
　大学の部活の友だち数人と、いつもの安いチェーン店よりも少し豪華な居酒屋で飲み食いをする。
　そして、残ったお金で、適当に往復の飛行機のチケットを買い、バックパックを持って旅に出る。お金が尽きるまで、アジアから中東、ヨーロッパへと巡りたい。

　また、そこで英語や、大学で身につけたスペイン語、アラビア語を用い、現地の人々とコミュニケーションを図りたい。そして、各地の名所や家庭の風習を見て回りたい。

[回答例2]

　回転寿司で腹いっぱい食べる。高めのレストランに行く。飲み会に参加したりして、全部、飲み食いに使う。

[回答例3]

　北は稚内から南は沖縄まで、国内旅行をする。地方のゲストハウスやユースホステルに泊まり、見知らぬ客同士で話をする。もちろん、今は感染対策も欠かせない。食事は各地のラーメンや立ち食いのうどん・そばを食べて回りたい。

阪東's アドバイス

　お金の使い方にも個性が出ます。すべて飲み食いに使うのも、ストレス発散できていいかもしれません。

　100万円は、通常、学生には縁のない大金です。それを持ったときの「夢」や「金銭面の欲望」で自己分析できます。これも、就職活動仲間と意見交換をして、面白いものを用意しておいてください。ごくたまに面接で質問されます。

　ただし、ここの回答例のような、飲み食いや旅行は平凡かもしれません。例えば、国内でいいので「日本中のユースホステルに全部泊まる」「都道府県庁所在地のラーメン店をすべて食べ歩く」「主要駅弁500個制覇」「日本中の灯台を写真に撮る」など、自分の趣味を活かしたネタにすれば、企画力と積極性という自己アピールに変えることができます。まさに、「芸は身を助ける」です。

　また、これも面接官、人事トップの価値観に合わせましょう。昔は、海外旅行は富裕層しかできませんでした。ところが今では、航空運賃や滞在費などが安いため、海外に行く学生が多くなっています。つまり、ESの「留学ネタ」は、みなさんにとっては新鮮な体験であっても、毎年数多くのESに目を通す面接官にとっては陳腐なのです。他人と差別化できません。よほどユニークな体験でなければ、書くのは避けたいものです。

都会が好きですか。地方が好きですか。必ずどちらかを選び、理由を述べてください。

[回答例１]

　都会が好き。地方よりもさまざまな人に出会える。

　大学の授業で、政治家や著名人、識者などの講義を受けることができた。これは都会ならではのことだと思う。

　また、あらゆるところへのアクセスもよい。地方から夜行バスで東京に来て就職活動をしている学生を見ると、東京に住んでいる自分は恵まれていると感じた。

[回答例２]

　私は地方のほうが好きだ。確かに、都会には店や施設、イベントが充実している。だが、地方の新鮮な空気や自然は、私の体に染み込んでいる。小学生のころはよく父に○○県の海に連れて行ってもらった。また、高校はカヤック部に入り、森を流れる川で練習に励んだ。このような経験から、今でも森や川など大自然に行くと、気持ちが高ぶる。

[回答例３]

　地方が好きである。私自身は東京生まれの東京育ちで、地方での生活というものを理解していないかもしれない。しかし、国内１人旅や、フィンランドでの１年間の留学生活を通して、自分は都会よりも地方が好きだと思っている。

　理由の１つは、地方のほうが景色が広いこと。東京は高層ビルやマンションが立ち並び、空も見えにくいし、なんだか世界が狭く感じられる。地方で畑や田んぼが多いような所は、どこまでも視界が広がるようで気持ちいい。

　また、地方では、そこに暮らす人々が、その土地への愛着を持っているのではないかと思うからだ。東京は、日本中から人が集まっていて、実際どれほどの人が東京という場所に愛着を持っているのかわからな

い。そういうまとまりのなさが心地よく感じられるときもあるけれど、やはり寂しい。フィンランドは日本より田舎で、週末には多くの店が閉まってしまうし、遊園地や娯楽施設はあまりない。あるのは湖や山だけだった。それでも、私はそういう自然を飽きることなく満喫していたし、東京にいたときよりも心穏やかに過ごすことができた。

[回答例4]

　都会が好きだ。私は地方出身で、上京するまでは田舎で暮らしていた。実家は本当に田舎で、畑や田んぼばかりが一面に広がり、庭には猿が歩いているようなところだった。家は兼業農家で、稲刈りの時期にはコンバインに乗り込んで収穫の手伝いなどもしていた。そういう愛着はあるが、私は生まれ育った田舎よりも都会のほうが好きだと感じている。都会には、いろいろな人や情報が集まっている。そして、ここには新しい価値観や発想が常に生まれ続けている。また、田舎ではタブー視されている発想や行動にも出会えるのが魅力だ。

阪東's アドバイス

　Uターン希望やIターン希望などの潜在意識が、学生にあるかどうかを問う設問です。現実的には、大きな会社以外に地方勤務はないのがほとんどです。また、地方には大阪、名古屋、福岡、札幌などの大都市を除いて志望するような会社は少ないのです。地方新聞、地元放送局、電力、ガス、地場産業（例：鹿児島なら芋焼酎醸造会社）を除いては、県庁などの地方公共団体しかないのが実情です。

　大会社の場合は「地方勤務」で会社を辞める若者が多いので、「地方勤務は大丈夫ですか？」と聞いてきます。

　地方勤務が嫌で辞められてしまっては困るので、人事は「転勤させやすい人」「地方が好きな人」を選ぶ傾向があります。どうしても嫌でなければ「地方が好き」と答えたほうが有利です。

特技は何ですか。そのきっかけは何ですか。

［回答例１］

　全国の駅弁の名前を暗唱できる。

　子どものころから鉄道が大好きで、大学時代にはバックパックとカメラを片手に、全国の鉄道を乗り尽くした。その時に集めたご当地スタンプカードは、今でも宝物である。また、この旅を通して、地元の人とコミュニケーションをとる機会も多く、話すことに自信を持てるきっかけにもなった。今は鉄道会社を志望している。

ココが使える！ 「おじさん受けする」ネタで面接官にアピール

［回答例２］

　囲碁と相撲観戦だ。「じいちゃん」から、教えてもらった。両親が共働きだったので、ひとりっ子の私の遊び相手は、祖父だった。青森のへき地で冬は外で遊べず、相撲中継をＮＨＫで見ながら、勝敗予想をしていた。青森出身の力士は多く、「相撲の技」「成績」など競馬さながらにやった。町内会の相撲勝敗予想大会でも祖父と私のコンビで挑戦して「準優勝」したこともある。囲碁は相撲がないときに祖父の相手をさせられたが、面白くなり、大学でも囲碁部に所属している。

阪東'ｓ アドバイス

　回答例１の駅弁の名前の暗唱は、鉄道会社を志望する上で、プラスになるでしょう。心から鉄道が好きだと伝わるからです。ただし、「鉄道が好きだ」という思いが強すぎて、「お客様視点」を脱することができないのはいけません。あくまで、サービスを「提供する側」に立って、志望動機などを考えることを意識してください。このような「熱烈ファン」の受験者は、出版社やテレビ局志望にも散見されます。

　回答例２の囲碁・将棋は「おじさん受け」します。有段者であれば、かなり有力なアピール材料になるので、ＥＳに記入しましょう。

　相撲も同様です。回答例２はそのまま、作文のネタとしても使えそうです。また、「相撲の勝敗予想」と特技欄に記入すれば、面接官は必ず聞いてきます。「場」を盛り上げる材料になるでしょう。

このように、自分史の「特技」を、さらに自己アピールの材料へ応用できます。

また、自分では特技と考えていなくても、他人から見ると特技である場合もあるので、平凡と思うことでも書いてみましょう。その際は、ただ「ランニング」「水泳」などと書くだけではなく、タイムや距離などの具体的な数字も書き添えておきましょう。アピールのポイントになります。

自己分析のためのQ＆A（5）→書き込みシートは別冊50ページ

あなたのストレス解消法は何ですか。

［回答例1］

　無心で走り続ける。

　ストレスが溜まったり、気分が悪かったりするときは、とにかく走る。家の周りや皇居の周りなど30分も走れば、悩んでいたことなんて小さく感じられるし、うまくいけば忘れられる。

　中学校時代からマラソンを始めた。もともと走ることなんて好きではなかったのに、中学1年のマラソン大会で予想外に活躍してしまったのが始まりだった。それ以来、暇さえあれば走り続けた。走れば走るほど、ちゃんと記録も伸びるのがおもしろかった。

　高校では陸上部に入り、走らない日は無かった。走らないと何だか落ち着かないようになった。具合が悪くても、走ると治るようになった。

　走っているときは、あまり物事を考えなくてすむ。考えすぎていると呼吸が苦しくなるから、考えない。そうやって、無心で走り続けて汗を流していると、いつのまにか悩みが外へ出ていく。体の中に溜まっているいろいろなことが外に出ていくのだと思う。頭が疲れたときは、体を疲れさせるのがいちばんだと思う。

［回答例2］

　友人に話を聞いてもらう。テニスのサークル活動で悩んだときにも、サークルの仲間に話を聞いてもらい、ストレスを解消してもらった。100人を超えるメンバーがいて、とても忙しいサークルだったので、クラスやゼミの仲間と話ができなかったこともある。

自己分析のためのQ&A（5）

[回答例3]

友達とえんえん長時間おしゃべりする。

カラオケに行き、飲みながら歌いまくる。

[回答例4]

テレビのお笑い番組を見てバカ笑いする。面倒なことを忘れるように
する。外でおいしいものを食べまくる。

ココが使える！ プラス思考など、精神面の管理まで意識的に行っている

[回答例5]

とにかく寝る。眠れないときは、規則正しい生活を送る。

勉強や課外活動で忙しいときに、睡眠時間を削ると、マイナス思考に
なりやすいと思うようになったから。それからは睡眠を大切にするよう
になった。どうしても睡眠をとれないときは、寝たり起きたりする時間
を規則正しくさせている。

阪東's アドバイス

入社して、生活が一変したときのストレスはかなりのものがあります。とくに
配属先が今まで住んでいた場所と違う場合は顕著です。

ストレスの解消法を、自分なりに考えているかどうかは大切なポイントです。
逆に、それがないと「会社生活」は乗り切れません。

つまり、「自己管理能力」が問われている設問なのです。面接時の質問で多く
見られます。これはかなり個人差（ライフスタイルの差）があるので、自分なり
の「方法」を答えれば大丈夫です。

「歌う」「しゃべる」「食べる」「旅行する」「走る」。何でもいいのですが、例え
ば「ぎょうざ100個大食い」や「カラオケ10時間歌いまくり」などのように、
数字やエピソードを入れると、面接官がイメージしやすくなります。

自己分析のためのQ&A（6）→書き込みシートは別冊51ページ

あなたの短所と長所は何ですか。

［回答例］

　私の短所は、人を見た目で判断してしまいがちな点だ。最近の例でいえば、アルバイト先のカルチャーセンターの上司、小田さんが苦手だった。第一印象は最悪だった。私の歓迎会での出来事だが、小田さんはビールと日本酒で完全に酩酊していた。「こんな人の下で働いて大丈夫だろうか」と思ったのが正直な所だ。バツイチで、お酒が大好きだという。声も大きく、命令調で、私が大学の後輩というだけで、言葉もぞんざいだ。アルバイト中は、なるべく小田さんと話さないようにしていた。

　長所は、我慢強さだ。短所と同じ小田さんの例でいうと、アルバイトは辞めたかったが我慢していた。そうするうちに、私の小田さんへの印象も次第に変わっていった。カルチャーセンターでは、顧客の応対が主な仕事になる。私は初めてのアルバイトで、満足な応対ができない。しかし小田さんは、いつも顧客を笑顔に変えて帰していた。どんな相手でもじっくり話を聞くし、笑顔を絶やさない。中には、小田さんを気に入ってしまい、毎週窓口に訪ねてくる人もいるほどだった。

阪東's アドバイス

　人間には、対人関係で好き嫌いがあるのは普通です。アルバイトやインターンシップで仕事をしているときには、苦手な人がいても避けることはできません。

　また、他人を見た目だけで判断することは長い目でみると損です。この回答例の場合も、長所である「我慢強さ」でアルバイトを続けたところ、苦手な人が実は仕事ぶりはすばらしい、ということがわかってきました。このように、人間には短所や長所が混在・表裏しているものなので、短所も長所のようにアピールすることができます。

　なお、ＥＳに短所について「あきっぽい」「短気だ」「ミスばかりする」などと書くのは致命的な誤りです。著者おすすめの短所は「人に物事を頼まれたらなかなか断れない」です。これは「素直である」「命令には従う」「協調性がある」の裏返しです。短所と長所が実は裏表の場合が多いことを踏まえて独自に考えてみて、無理なら「人に物事を頼まれたらなかなか断れない」にしましょう。

留学したことはありますか。
また、留学から何を学びましたか。

[回答例1]

　1年生のときに、カナダのバンクーバーに短期留学していた。

　"豊かさ"とは何か、ということについて考えさせられた。カナダは世界でも有数の豊かな国なのに、物質的な意味では何もない国だった。日本には、遊園地に六本木ヒルズ、デパートにゲームセンターと「豊かな国だなぁ」と錯覚してしまうような娯楽施設がたくさんある。

　しかし、カナダは郊外に少し出ると、自然が広がっているだけで、「何もないな」というのが最初の印象だった。

　でも数か月過ごしている中で、それは豊かさへの感覚の問題ではないかと気づいた。物質的な執着が少ないこの国の人々は、家族と過ごす時間や自然の中にいる時間を大切にしていた。週末、六本木ヒルズや東京ミッドタウンに人が溢れる光景と、森の中を家族で散歩している光景、どちらが豊かなのだろうとよく考えた。

　保有資源や国土の違いで、2つの国を比較するのは難しいかもしれない。それでも、日本も違う視点から豊かさを見つめ直せるようになったら、人々の心ももう少し楽になるのではないかと思うようになった。

ココが使える！ 留学経験を通して身につけた「複眼思考」「国際感覚」をアピールする

[回答例2]

　アメリカのオレゴン州に交換留学していた。そこで、世界各国の留学生と交流することができた。

　日本とは違うアメリカ人の考え方や文化に直に触れることができ、自国について改めて考えるきっかけになった。

　ホストファミリーも親切で陽気だった。家の広さにも驚かされ、それがふつうであることを知りもっと驚いた。

阪東's アドバイス

　今はオンライン留学や短期留学をする学生が増えています。語学もさることながら、価値観の違う人たちと日々接することで「複眼思考」を身につけたか否か、を面接官は見ます。学べることは語学や学問だけではないのです。また、海外志向（赴任など可能かどうか）の有無も分析できます。

　ただし「海外経験ゼロ」「英語がまったくできない」でも問題はありません。国内ネタでも面白ければ評価されます。「語学能力はあったほうがいい」程度に割り切りましょう。

　また、英語力は短期間では上達しません。英語力が低い（例えばTOEIC®L&Rテストスコア　500点以下の）人は、英語は捨てて、新聞を読み、時事的な常識を身につけたり、SPI3や自分史、自己分析に力を注ぐほうが大切です。時事を学ぶにはNHKの「ETV特集」や、同じくNHKの「NHKスペシャル」「クローズアップ現代＋」「映像の世紀バタフライエフェクト」も。NHKの「ストーリーズ　ノーナレ」の“ワケあり”りんご」（2019年11月放送）はハンセン病の主人公が顔出しするなど大きな反響を呼びました。また、経済ニュースはテレビ東京系列の「ワールドビジネスサテライト（WBS）」が、金融を志望している人にはおすすめです。ヤフーニュースなどは偏る傾向があります。

　新型コロナの悪影響もようやく収まりつつあります。観光や出張など人の移動制限もほぼ無くなり、航空、鉄道の利用客もほぼ回復しました。旅行代理店も顧客が戻ってきていて、豪華列車やクルーズなど高額な旅行も人気です。デパートの高額商品の売上も順調に回復しています。

　ただし、海外旅行については今年の夏や冬の動向を見ないと完全回復したかどうかの判断はできません。

　新型コロナの影響で以前と変わったのは、ITなどの事務職を中心に、在宅勤務が定着してきたことです。NTTなどでも地方からの単身赴任を解消するために在宅勤務を基本とする方針は、今後もそのままにするようです。そのため、フリーアドレス（オフィスに個人専用の机が無く、専用はロッカーやキャビネットのみ）の会社が増えています。

　海外勤務については、中国やロシアなどとの関係悪化で、生産拠点を中国に置いている大手アパレルや商社の志望者は、今後の情勢に注意しておく必要があります。それ以外の国とのビジネスの往来はほぼ回復しています。

　志望会社への説明会の参加や新聞での業界研究は必須です。大学の多くは「日経テレコン」という検索システムを利用して過去の記事検索を企業ごとに出来ますので、利用しましょう。また、『東洋経済』や『ダイヤモンド』『エコノミスト』などの経済週刊誌もよく「○○業界分析」を行っているので、図書館でバックナンバーを読んでおきましょう。

学生時代に直面した困難は何ですか。また、それをどう切り抜けましたか。

[回答例]

「バスケット部をやめようかと思っている」──引退まで半年を切った3年生の5月、同期の田中がほかの同期の誰よりも先に、私にこの言葉を言った。

共に取り組んできた仲間として、引き止めたい気持ちでいっぱいになった。しかし、副主将として、彼女の気持ちや理由を聞き、チームに伝えるのが第一と考えた。

彼女は、私の耳を傾ける姿勢に安心し、初心者という劣等感、チームでの存在意義など、そのときの心境について語ってくれた。だがそれを同期に伝えると「無責任だ」とか「苦しいのは同じだから、何でもう少し耐えないのか」といった言葉が出てきた。

私は彼女の肉体的、精神的つらさも、ほかのメンバーのチームとしての気持ちも理解できた。そこで何度も話し合いの場を設け、お互いの意見を出し合った。最終的に納得し合えたものの、田中はやめてしまった。

しかし、試合に応援に来て、勝利にいっしょに涙を流してくれたり、同期の仲間と食事に行ったりするほど、私を含め、チームと彼女の関係は今でも良好だ。

ココが使える！ 自他両方の立場で考えることができる人物だと伝わる

阪東's アドバイス

「直面した困難と、その切り抜け方」はエントリーシートによくある設問で、面接官は、自己判断能力や問題解決能力を見ます。エピソード自体は平凡に見えても、第三者から見ると面白かったり、しっかりとした問題解決能力を示せていたりすることがあります。平凡でもいいので、自分史年表からネタを探しておきましょう。また、「同期の田中」のように固有名詞や具体的な数字が入っていないとわかりにくいので、必ず入れてください。

自己分析のためのQ&A（9）→書き込みシートは別冊52ページ

自分は運が強いほうだと思いますか。弱いほうだと思いますか。その理由も述べてください。

[回答例]

　強いほうだと思う。

　これまで、人生の節目に、いちばん大切な友達が「自律神経失調症」にかかったりした。そのため、「何で自分の周りだけこういうことが起こるのか」と思い、自分自身に非があるのではないかと、悩んだ時期があった。

　しかし、最近では、そう考えることは少なくなった。よくないことが起こる一方で、支えてくれる人たちに恵まれていることに気づいたからだ。家族、大学、部活、アルバイトなど、どこでも応援してくれる人たちはいる。そういう私は、ついているのだろうと実感する。

阪東's アドバイス

　これは、みなさんの人生観や価値観を問う設問です。回答例では「タイミング悪く不幸が起こることに自分を責めたこともあったが、支えてくれる人たちに恵まれていることに気づいた」と、プラス思考に結びつけています。あるいは「補欠でも志望大学に入れた」「それまでレギュラーではなかったが、風邪をひいた選手の代わりに出た試合で活躍できた」など、「運も実力のうち」というまとめ方をしても、面接官はプラス思考の人ととらえます。面接などでは、著しいマイナス思考がないかを問う「引っかけ」の側面がある設問といえるでしょう。「プラス思考」については、84ページのQ&A（26）でも触れます。

座右の銘はありますか。それを「持つ」に至った理由は何ですか。

[回答例１]

　「負けではない、勝ちへの途中！」——これは、井上雄彦さんの『バガボンド』という漫画で、主人公の武蔵が言ったセリフから引用したものだ。

　就職活動は、つねに失敗の連続である。筆記や面接の試験に落ちたときは、自分の対策不足を痛感し、とても落ち込む。しかし、そこで立ち止まっていては、最後まで勝ち残ることはできない。

　私の場合は、つねに結果に着目した。失敗したエントリーシートはすべて読み返し、落ちた原因をまとめた。筆記や面接も、試験が終わった直後によかった点と悪かった点を携帯電話にメモし、次回に活かした。

　数多くいる他の志望者と同じことをやっていても差はつかない。しかし、だからといって奇抜なことをすればいいわけでもない。成長のチャンスはつねに自分の中にある。実際に自分が体験した失敗を参考にして、つねに自分を更新していく、こういう発想で「負け」を「勝ち」に近づけていくことが、就職活動をしていく上で大切だと感じた。

[回答例２]

　私の座右の銘は「私以外はみんな師匠」である。すべての人が、私の知らない経験や知識を持っていて、それだけで尊敬すべきだと思っている。

　国内だけでなく、ヨーロッパやアジアまで旅行をしてきて、本当にたくさんの人に巡り合ってきた。職業も、旅行している理由も、相手によってさまざまだが、ほとんどの人が、私の知らないことを教えてくれた。

　田舎の漁師、養護施設で働く男性、脱サラしてユースホステルを営む男性、ヨーロッパ１人旅をしている女子大生、発展途上国で現地の人々といっしょに井戸を掘っている女性などがそうだ。

　私には想像もできない人生を歩んでいるような人がたくさんいた。そういう出会いを通して、すべての人は尊敬すべきものを持っているのだ

と思った。だから、どんな相手でも「何か尊敬すべき点があるだろう」と思って接するようにしている。

そうすることで相手のいろいろな面が見えてくる。それはよい人間関係を作る上でも、とても大切なことだと思う。

[回答例3]

「天は自ら助くるものを助く」と信じて、最後まで諦めない。努力を怠らない。中学時代のバスケットボール部の顧問が、いつも言っていた。「何事も最後まで諦めないことが肝心だ」とも言っていた。それで、これを座右の銘にするようになった。

[回答例4]

私の座右の銘は「とりあえずやってみる」だ。予想で利益が見込めているなら、誰でも必ずやる。誰も得しないとわかっていることなら、誰もそれをしない。

では、予想がつかず、誰もやったことがないことはどうか。私はそういうことこそ、必ずやってみたい。まだ誰も足を踏み入れていない新雪を歩くように、足を踏み入れるだけで喜びを感じられるからだ。

阪東's アドバイス

面接でもよくある質問ですから、工夫して考えておいてください。座右の銘を自己アピールととらえると、考えやすいと思います。また、座右の銘を探していくうちに、自分が何に重きを置いているかも見えてきます。座右の銘など今までなかった、という人は「初心忘るべからず」など、名言集などの本を参考にして見つけましょう。

四字熟語の中にも、座右の銘になりうる格言はたくさんあります。漢字の勉強のついでに、自分史と照らし合わせて、自分に「ぴったり」な座右の銘を見つけてください。

社会人になったら、職場でどんなことに注意したいですか。

[回答例]

　私は忙しくても、人の話に耳を傾ける姿勢だけはおろそかにしたくない。そのためにも、自分のことで精一杯というように思われてはいけないと思う。忙しくしていても、余裕があるように見せると、周りの人が相談を持ちかけてくれる機会が増える。

　そう感じるのは、軟式野球部の部活の経験からだ。例えば、ふだん選手たちには弱いところを見せない先輩が、練習の帰り道にマネージャーのつらさを語ってくれたことがあった。

　また、試合にあまり出られない同期が、当時、先発メンバーであった私に、相談してくれたこともあった。話し終わってから両者とも「○○なら真剣に耳を傾けてくれて、気持ちを理解してくれると思った」「話すことができて心が軽くなった」と言った。この姿勢は今後も続けていきたいと思っている。

阪東's アドバイス

　これは、社会人としてのマナーを試される設問で、自分がマナーを心得ているか、周囲がしっかり見えているかどうかがわかります。学生時代の部活やアルバイトなどのエピソードを交えると、わかりやすく説明できます。上の回答例からは、周囲への気配りがアピールできます。

　もし、この設問にうまく答えられない場合は、両親や周りにいる社会人、OB・OGなどから「職場で日々どのような点に注意しているか」を聞いておきましょう。

どの会社でも入れると仮定した場合、あなたはどこを選びますか。その理由も述べてください。

[回答例1]

　総合商社だ。英語を勉強してきたので、それを活かせる職業に就きたいと思った。また、やりがいのある環境の中で、ずっと成長していけると思ったから。負けず嫌いな性格上、営業成績など必死に食らいついていくことができそうだ。

[回答例2]

　化粧品・食品等のメーカー。人の身近にあるものを作る仕事がしたい。商品の企画などの仕事が面白そうだと思うから。

[回答例3]

　食品専門商社だ。私は好奇心が強く、世の中でたくさんのものを見たいと思っている。自分の仕事や働く場所の可能性を制限したくない。そのため、会社の活動がどこまでも広がる場所で働きたいと思う。

　また、海外旅行を重ねてさまざまな国の人と交流してきたが、旅先で出会うだけではその国のビジネスについてはあまり知ることはできない。いろいろな国のビジネスのやり方などにも興味があり、それを知ることができるのは、商社の仕事なのではないかと思った。

　とくに食品、食料はこれから世界的に不足してくる。世界中を回って、食品や食料を買ってきたい。

[回答例4]

　国際業務の官庁やそれに類似する機関だ。貿易の統計や、調査官を志望している。理由は大きく2つある。

　まず1つは、大学で英語やタイ語、ゼミの中で国際経済を学んだこと。日本に拠点があっても、将来的に国内外を問わず活躍できる仕事がいい

と感じる。

　2つ目は縁の下の力持ちのような、地道に作業を続け、うしろから支えるような仕事が向いていると思うからだ。これは、タイ語の新聞の翻訳プロジェクトで学生の取りまとめ役を担っていたりして、やりがいを見出せると思ったことの影響が大きい。

阪東's アドバイス

「どの会社でも入れる」と仮定すると、志望業界が素直に選べます。無意識のうちに「難しい」とか「自分の能力では無理だ」と、決め付けて就職活動をしている人は多いものです。

「何をやりたいのか」わからない場合、迷っている場合は、自分が「万能人間」になったつもりで、「第1志望」を決めることです。

　そして、そこに就職するためにはどうしたらいいのかを考えるのです。

自己分析のためのQ&A（13）→書き込みシートは別冊54ページ

あなた自身を色にたとえると何色ですか。その理由も述べてください。

[回答例1]

　赤。自分自身の熱い性格から。大学の学園祭、アルバイト、サークル活動など、今出来ることを探し、あらゆることに熱中してきた。とくに、学園祭でのパフォーマンスのために2日間寝ないで準備をした。何事も中途半端に終わらせたくない、情熱を注ぎたいタイプだと思う。たまに、友人から暑苦しいと言われることもある。

[回答例2]

　銀色。鉄筋コンクリートのように組織を支えるイメージなので。

[回答例3]

透明（色といえるかわからないが）。

どんな集団に入っても、その場に合わせることができるから。リーダー役がいなかったら自分が引っ張り、リーダーにふさわしい人がいれば補佐役に回る。欠点は、やりたくないことでもやらなければならなくなる場面が増えること。

[回答例4]

黒。黒といっても「暗い」などの、色味から受ける印象ではない。その性質が自分らしいのだ。

どんな絵の具にも黒い絵の具をごく少量でも混ぜると、元々の色を激変させてしまう。

組織が大きくなれば、個人の役割は小さくなるが、その中でも、黒のように「目立たなくても欠かせない」色（人物）になりたい。

[回答例5]

空色。白のように色がないわけではないが、周りの色、環境にとけ込みやすい性格だから。基本的に前向きで、明るい性格。でも、赤のようにいつも目立つ明るさではない。感情の起伏が激しくなく、環境の変化や気分によって色を変えて生きている。

阪東's アドバイス

これも心理的な質問です。書くことによって、個性を表現することができます。また、組織の中で自分はどうありたいのかが見えてきます。自分史で過去を顧みながら、また、今の日常生活を思いながら「自分が何色にたとえられるか」考えておきましょう。自分はこういう人間なのだという、自己アピールにも活かせます。また、面接でもたまに聞かれることがあります。

これまでの人生で嘘をついたことはありますか。あったら、それはどんな局面でしたか。

[回答例1]

　年に1、2度はある。私は気が強いので、自分の弱みや恥を周りの人にさらけ出さざるを得なくなったときに、苦し紛れに「ウソ」が出てくる。しかし「顔」に「ウソ」と書いてあるので、見破られてしまう。

　最大の嘘は、恋愛について聞かれたこと。彼女がいないのに「いる」とウソをついたが、そのあと突っ込まれ、自滅した。

[回答例2]

　嘘は何度もついてきた。そして今も嘘をつき続けている。私は幼いころから漫画が大好きで、実家には今も2000冊を超える漫画が積み上げられている。何度となく母の逆鱗に触れ、高校生のときには2階の窓から漫画をすべて投げ捨てられてしまったこともある。

　今でも電話で「大学生なんだから、もう漫画なんて溜め込んでないでしょうね？」母は私にこんな質問をする。だが、もちろん、私の下宿先は漫画で溢れている。そして、就職活動も漫画関係の仕事がやりたくて、出版社しか受けていない。

阪東's アドバイス

　回答例2のような書き方は、面接官の受けを狙っているのかもしれませんが、「嘘は何度もついてきた」と書いては、マイナスに作用する場合もあります。「一度も嘘をついたことがない」のはそれこそ「ウソ」ですが、書くのは「ユーモアのあるウソ」にとどめておくことです。「ウソ」は基本的にマイナスの自己アピールですから。

「あなたの欠点は？」と面接官に聞かれ「短気なところです」と真正直に答えたら落とされます。「人に物事を頼まれると、断れないこと」などが模範回答です。また「短気」も裏返せば「自分に正直」「裏表がない」という長所になります。何事も「裏」と「表」があることをわかっておいてください。

苦手なタイプはありますか。
そのタイプの人とどう付き合いますか。

[回答例]

　私は中高年や高齢者が苦手だ。身内ではとくに祖父が苦手だ。正確には、祖父の小言が苦手だ。7人きょうだいの長男で北陸出身の祖父は、都会育ちで一人っ子の私を何かと毛嫌いする。遊びに行くたびに、私を「ダラ」と呼んで小言を並べる。ダラは北陸の方言で「馬鹿」を指す。

　苦手なものはしかたがないので、その苦手な祖父の小言から、自分のためになることを探そうと考えている。たとえば、共済年金の話である。昔、祖父は専業農家で、両親と妹の4人で暮らしていた。結婚することになり、舅が「どうやって嫁に小遣いを渡すんだ」と祖父を叱った。その言葉を受けて、祖父は町役場に就職した。60歳で定年退職するまで、ずっと兼業農家であった。「あのとき、舅に怒られたおかげで、今がある」と言う。祖父の小言はさらに続く。今があるというのは、今の生活が成り立つという意味だ。それもこれも、地方公務員となり、厚生年金をもらえるおかげだ。国民年金だけでは、曽祖母を介護施設に預けることも、家を新築することも、すべて叶わなかったと言う。

阪東's アドバイス

　「地震、雷、火事、親父」ということわざが通用していたように、父親の年代、さらに祖父の年代が苦手な学生も多いものです。しかし、父親や祖父は一家の家計を支えるために苦労しています。この回答例の場合は祖父のことを書いていますが、祖父が専業農家から役場に勤める兼業農家になったことで、家族の生活だけではなく、親の介護まで面倒を見られたことがわかります。

　苦手な人とどう付き合うかは難しい問題ですが、「相手の言葉」から人生の参考になるようなことを学ぶのは誰でもできることです。苦手なタイプを避けるのではなく、距離をおきながらも観察する中で、何かを学んだことをアピールしましょう。「反面教師」「他山の石」という言葉もあります。苦手なタイプの人との付き合いは、冷静になって、観察することです。

あなた自身を動物にたとえると何ですか。その理由も述べてください。

[回答例1]

　インコ。おしゃべり好きで、家族や友達といっしょにいるとよくしゃべる。そして、1人のときは、音楽を聴いたり歌ったりしていることが好きだから。

[回答例2]

　月並みだが、イノシシ。しかし、猪突猛進というわけではない。曲がることを覚えたイノシシだ。

　就職活動には、作文やESなどの文章力や、人とのコミュニケーション能力をつけるほか、業界研究や自己分析など、対策の必要なことが山のようにある。そして、それらに向かい合っているうちに、次第に自分の弱点が明らかになってくる。就職活動のコツの1つは、限られた時間に効率良く対策をすることだ。自分の弱点が何なのかを明確にし、そこに効果的にアプローチすることが大切だ。

　出版社志望の私は、週刊誌と最近の漫画が弱点だった。ここを問題だと考えて、週刊誌は大宅壮一文庫（東京・世田谷区）、千代田区立日比谷図書文化館や国立国会図書館に通い、文春・新潮・ポスト・現代・プレイボーイ・週刊女性など、過去1年分は目を通した。漫画対策では、漫画喫茶に通い詰め、人気雑誌の連載をチェックし、それぞれに意見をまとめた。

　つねに変化する状況の中で、「今何をしなければいけないか」を明確にし、そこにイノシシのように猛烈に全力を注入する。

[回答例3]

　ミーアキャット。キョロキョロと、状況の変化をつねに敏感に察知するイメージが自分に合う。

［回答例4］

　ウシ。マイペースかもしれないが、歩みは着実に進める性格だから。また、小さなことが起こっても動じないで、どっしりと構えていることが多いから。

［回答例5］

　カンガルー。カンガルーは動きがすばやく、敵にはパンチを繰り出し、袋の中には大事な子どもを入れる。私も思い立ったらまず行動する。障害にも立ち向かい、いつも「秘中の秘」を隠し持つ（または、隠し持っていたい）、そういう人だから。

［回答例6］

　イヌのラブラドールレトリバー。私は優秀な人間ではないが、ストレスをためず、解消していく性格はラブラドールに似ていると思う。環境に適応しやすく、好奇心も旺盛だ。鼻も利かないこともない。病気にかかりにくいところも似ている。

阪東's アドバイス

　これも心理的な質問です。面接では68ページの「色にたとえると」よりもよく聞かれます。書き出すことで、自分自身をどう思っているかが見えてきます。自己アピールの材料になるように考えておいてください。自分史年表の中から発見できるケースがありますし、友人に「何だと思う？」と聞き、そのアイディアを拝借してもかまいません。

　面接官は、質問につまったときにこの質問を使うことがあります。ただし、「興味がないのか」とマイナスに考えてはいけません。逆に、一発逆転のチャンスととらえて、うまく自分をアピールしましょう。面接の場を和らげるような、面白い話を準備しておいてください。

これまで、どのようなアルバイトをしてきましたか。いちばん印象に残ったものは何ですか。その理由も述べてください。

[回答例１]

　飲食チェーン店や日雇い派遣（短期）などをした。飲食チェーン店の接客がいちばん長く続いたが、それはアルバイト仲間とよい人間関係が築けたから。また、常連のお客さんはおじさん世代が多く、世の中のことをいろいろ教えてもらった。野球、登山、釣りなどにも誘ってもらい、その話題を面接でしたら面接官に受けて、内定の大きな要因になった。

[回答例２]

　カプセルホテルの受付。日本各地、海外からも、いろいろなお客さんが来たことが印象に残っている。また、１年ぐらい住んでいる「変わった人」もいる。社会勉強になった。

[回答例３]

　某ラジオ局で、国際放送の外国語番組で収録補助をした。自分の体験や知識が活かせたのがよかった。

[回答例４]

　ゴルフ場の案内だ。アルバイトというより、私にとってもう１つの学校だったと考えている。ゴルフ場というと軟派な空間と想像する人も多い。しかし、そのゴルフ場は、道場のような所だった。コースに入るときは「おはようございます」と声を出し、上級者や年配の方への礼儀にはとても気を遣う。また、マナーにも厳しく、打とうと構えている人の目の前を横切るのもご法度だ。礼儀を重んじ、研鑽を美徳とする。

　ゴルフの技術は、１人で練習しているだけでは決して身につかない。年配のおじさんやおばさんに頭を下げて練習の相手をお願いし、伝統の技を目で覚えるしか方法がないのだ。一見すると、他人からおかしく思われる

ようなことを2年間も続けた。結果として、大学も留年してしまった。し
かし、ここには確かな「熱さ」があって、私は多くのものを学んだ。

阪東's アドバイス

　アルバイトは「社会」との接点です。何を、なぜ（理由）、どうして（きっか
け）、期間はどのぐらい、時給、稼いだお金は何に使った。以上の項目ぐらいは
すらすら言えるようにしたいものです。別冊の書き込みシートを使い、基本的な
事柄を整理しておきましょう。

　アルバイト先や場所、時給などは、固有名詞と数字で具体的に記入するのが、
ポイントです。

　また、アルバイトから「何を学んだ」「どう自分の体験として活かしている」
という自己アピールもできます。面接官としては「学生の観察力」をアルバイト
体験から分析する場合もあります。例えば、こういうすばらしい例があります。
某ハンバーガーチェーンで長年アルバイトをしていた学生は「年々、コストの削
減で、コーヒーカップのプラスチックのふたが薄くなり、火傷をする危険が増え
た」ことに気づきました。ハンバーガーチェーンの価格競争がここまで来ている
のか？　と人事や面接官には「驚き」になります。また、ふだん見落としがちな
細かい点まで見ている学生の「観察力」には高い評価が与えられます。

　アルバイト体験は自分史の中では最近の項目になりますが、とても大切です。

　コロナ禍の前と後で、デパ地下や食堂、ガソリンスタンドなど対面の仕事に変
化はありませんが、雑誌社や新聞社などのアルバイトは在宅勤務が増えています。
また、外食チェーンでは客からの注文をテーブルでタブレットを使って行う方法
も増えています。さらには店のQRコードを読み取ってもらい、客のスマホで注
文する居酒屋やレストランも増えています。これらは便利ですが、高齢の客から
は不人気で、怒って帰ってしまう人もいます。それらの現象をエントリーシート
や筆記試験の論作文などで書けば「問題提起」になるでしょう。

　要は、IT化しても人間が行うことなのでどこかしら欠点があります。大手回
転寿司での悪質ないたずらも、仲間内でのスマホ動画がもたらしたものです。そ
ういったIT化の落とし穴も、最終面接官の中高年者には「驚き」であり、皆さ
んにとっての「当たり前」が新鮮に受け取られます。

　何か目新しいことがあったらアルバイト先の中年の社員や大学の先生、そして
なにより両親や祖父母に話してみて感想を聞くことをおすすめします。

無人島で生活することになったとして、1つだけ持参を許されたら何を持っていきますか（人間、食料、水以外で）。その理由も述べてください。

[回答例1]

　万能ナイフ。筆記用具や食料など、いつかはなくなる物は、持っていっても、一時的にしか効果を上げないと思う。それならば、刃物や方位磁針などを備えた万能ナイフを持っていくのが適当だと思う。これがあれば、無人島の全体図も把握しやすい。また、果物や魚を調理し、木で簡単な家を作る際に役立つ。紙は木の皮で代用できるし、火は木でおこせる。長期間、無人島で生きていくには、万能ナイフが不可欠に思う。

[回答例2]

　海水を淡水にする装置。空腹より、のどが渇くほうがつらいと思うし、人間は水だけで1か月間生きていけると聞いたことがあるから。

[回答例3]

　紙とペン。ただ、これで文学作品を残したいわけではない。私は人に何かを教えることが好きなのだが、人と会えないのなら、せめてこの無人島での生活のしかたをメモしたい。「私がこの島に来たのだから、私の次に来る人もいるだろう」。そう思って、次の人のための島の地図や穴場スポットをメモする。まだ知らぬ誰かのためのメモ作りを生きがいに、私は生活すると思う。

[回答例4]

　どこでもドア。帰りたいときに、いつでも帰れるから。

2

Q&Aから自己アピールのポイントを見つける

自己分析のためのQ&A（19）→書き込みシートは別冊57ページ

お酒は飲めますか。
また、宴会（コンパ）は好きですか。

[回答例]

　１人でもよく飲む。飲み会自体は好きで、誘われたらできるだけ参加する。ストレス解消にもなるし、いろいろな人と知り合えるから。店の内装を見るのも好きだ。デザインに凝っている店は、インテリアに興味があるので楽しい。

阪東's アドバイス

　「最近の学生は付き合いが悪い」と考えている、古いタイプの面接官にたまに聞かれます。また「営業職」などでは「接客」が仕事である場合もあります。東北地方の企業で、エントリーシートに「お酒が飲めますか」の記入欄があったケースがあるぐらいです。コミュニケーション能力として、また、その「ツール」と考えて、飲めることは「武器」になります。

　飲めない場合も「しらふで場を盛り上げられます」と答える方法があります。あと、これは日本企業の悪い例ですが、社内の夜の「飲み会」で「商談」などが行われ、昼間の会議は、その飲み会の「結果の承認」という、ただの形式だけの場合もままあります。面接などで聞かれた場合は、業種や職種・社風・TPOを考えたうえで答えることが必要です。「たしなむ程度」と答えるのが無難な場合もあります。業種や社風に合った回答をしましょう。

阪東's アドバイス

　回答例１のように「現実的」なものから、２や４のように発想として面白いものまで、さまざまです。３のような「メモ」も「意外性」があります。

　この設問は、性格診断だけでなく、アイディアテストに近い側面もあります。企業の商品開発などクリエイティブ系の部門を志望する人は、回答例２や４などのような発想も「あり」です。ユニークな回答がすらすら出てくる人は、クリエイティブ系の職業に向いていると言えるでしょう。

あなたの故郷の思い出は何ですか。

［回答例］

　九州の鹿児島が故郷だ。そこでは両親より、祖父母から学んだことが大きい。

　父方の祖父母は鹿児島の指宿で農業を営んでいるので、子どものころから、農作業のようすを見たり手伝ったりしてきた。形のいいものや、時期的に希少価値があり、少しでも高く売れるものは売りに出した。形の悪いものや、旬を迎えて値段が落ちたものが食卓に並んだ。農家がどのような工夫をしているかということ、作物の出来不出来や収穫量が天候などに左右され、それが作物の値段にも影響が出ること、農業の大変さなどを故郷では学んだ。また、農家が集まる集落の風習もいろいろと見てきた。

　母方の祖父母は鹿児島の離島に住んでいた。そこには小学校のときに、よく帰省した。祖父母の近所には漁師をしている家が多かった。祖母に連れられて、漁港の市場のセリを見て「この魚はなぜ高いの」などの質問をした。「鮮度」「希少価値」「漁獲高」などで左右されることを子どもながらに覚えている。

　漁は天候に左右され、収入が不安定になりがちだ。また、漁師は大変だし、危険な仕事でもあるということを聞いて育った。天気が悪い日は漁に出られず仕事がないので、昔は闘鶏をやっていたらしい。今では漁師の数も減り、闘鶏はやらなくなったようだ。

　私はこのように、自然を相手にした仕事がいかに大変かということを、故郷で見聞きしてきた。

阪東's アドバイス

　故郷の思い出は自分の原点の１つなので、自分史年表を見返したり、両親などによく聞いたりして、思い出してください。この設問については、Uターンと切り離して考えていいと思います。

　自分の故郷は県庁所在地などの都市部でも、この例のように、祖父母はまだまだ「へき地」に住んでいる場合も多いはず。「帰省」の思い出がふつうなので、小学校時代を思い出して、自分の「ルーツ」を探しましょう。

　面接官がたまたま同郷、または転勤や出張で「土地勘」がある人なら、話が盛り上がるかもしれません。面接官とのコミュニケーションを図るためにも「故郷」ネタは大切です。

　また、以下のような方法もあります。自分の故郷が有名な映画に登場している場合です。実際に、私の教え子が青森の岩木山（津軽富士として有名）のふもとの町の出身だったことがあり、彼に『男はつらいよ』（監督・山田洋次）シリーズの榊原るみがマドンナ役の作品を観るように勧めました。みなさんの世代ではなかなか『男はつらいよ』などの古い映画は観ないと思いますが、面接官の世代は観ている人もいます。その教え子が、エントリーシートに「出身地がこの映画のロケ地です」と書いたところ、果たせるかな、面接官の質問はそこに集中しました。

　その映画の最後には、「寅さん」（渥美清）を心配したさくら（倍賞千恵子）が「五能線」に乗っている名シーンがあります。岩木山の西を日本海に沿って通るＪＲ「五能線」は、青森の五所川原などと秋田の能代を結ぶ線で、日本で五指に入る景色のいい路線です。年配の面接官はみんな覚えています。

　この学生が「私はあそこの生まれです」と言うと、面接官が「おお」と喜んで話が盛り上がり、見事、難関である関西の民放に内定しました。

　このように、故郷を「映画のロケ地」などの何かと結びつけることは、面接官に「顔と名前」を覚えてもらうための大切なテクニックです。

インターンシップの体験はありますか。

［回答例］

　ある企業が主催するインターンシップに1か月ほど参加した。6人でチームを組み、新しいビジネスモデルを考えるというもの。会社に集まるのは週に1日だが、予習のために実質、週に2、3回は集まった。そのほかにも街頭アンケートや施設訪問などを行い、大変時間がかかった。この時期はエントリーシートの締め切りとかぶっていて、本当に時間がなかった覚えがある。

　インターンシップに参加する学生に聞くと「業界研究のため」「実際に会社の雰囲気を感じるため」といった意見をよく耳にする。しかし、結局は「周りが就職活動を頑張っているし、自分も何かしなければ」という焦りの心理から行動することが多いように思った。

　ただし、採用に直結しているケースが（実感として）9割を超えている。自身に十分な準備がないときは、あえて参加しないほうがよいと思う。

阪東's アドバイス

　インターンシップは諸刃の剣の面があります。それは、優秀な学生の「囲い込み」目的で行う企業があるからです。一部の企業は参加した学生の3分の1程度を内定者として確保します。しかし、落とし穴もあります。ある大手出版社はこのインターンシップを3年の夏から冬まで時給1200円で平日の昼間に長期実施しました。「常に人事に採点されているようで疲れた」という学生も多かったようです。また「作家との打ち合わせに同行させられたが、出版の専門用語がまったくわからなかった」ということも。さらに、長期インターンシップの最後の面接で落とされた学生も半数いたそうです。

　採用には「早期選考」「本採用」「夏採用」と3回ある企業も多いので、準備が出来てから参加する方法も「有り」です。

（紙の）新聞は、就職活動でどう活かしましたか。

[回答例1]

　出版社志望の私は、朝日新聞をとっていた。朝日新聞の日曜の求人広告欄に出版関係の情報が多く載っているからだ。出版社関係や志望者の間では有名だ。これが朝日新聞をとり始めたきっかけだ。

[回答例2]

　時事対策としてテレビのニュース番組を見るだけでは足りないと感じ、もう少し多く時事情報を得るために毎日新聞を購読していた。

　作文の勉強とも考えながら、1面下のコラム「余録」を読んでいた。志望が公務員だったので、誰も気にしないような記事も探して読んでいた。「最近気になるニュース、社会問題は？」という定番の質問で、「こんな小さい記事が気になった」と言えれば、面接官は「目の付けどころがいい」と食いつくだろうと思ったからだ。

ココが使える！ 社会人の意見は参考になる。ただし、うのみにはしない

阪東's アドバイス

　報告書や企画書を書くときに、文章力と漢字を正確に書けることは必要です。時事的な話題やその見方などを身につけるため、新聞を購読するのは社会人としての常識です。

　紙の新聞は、インターネットとは違い、社会的な「情報」「常識」を網羅しています。少し押しつけがましい面もありますが、「社会人」として必要不可欠な情報なので、毎日1時間ぐらいかけて読みましょう。就職活動の時事、一般教養対策にもなります。

　例えば、ドルと円、ユーロと円の為替レートや原油価格、株価などは毎日の新聞に載っています。商社などを受ける人にとって、このような経済知識は必須です。

　また、回答例1で述べているように、朝日新聞は出版社などマスコミの求人広告が多いことで有名です。

友人知人から受けた影響、学んだことはありますか。それはどんなことですか。

[回答例]

スポーツクラブでインストラクターのアルバイトをしていたとき、20代後半の女性社員から教えてもらったことがある。

私がそのアルバイトを始めてまだ間もない、行う業務が少ないときだった。彼女は、入社間もないとき、カウンターでの接客時にあることを実践していたと言う。それは、ドリンクを買うときやイベントに申し込むときにレシートにするサインを見て、会員の特徴と名前を覚え、あとでノートに書いておく、というものだ。また同時に、疑問に思ったことやわからないこともメモしておき、あとで先輩に聞いたのだそうだ。

それにならって、私も試みた。結果、2回目に会う人に、ノートに書いて覚えたその人の下の名前を添えて呼んでみるだけで、会話が弾んだ。おかげで会話のきっかけをつかみ、興味を引き出すコツがつかめるようになった。

ココが使える！ 自発的な努力は、面接官に好印象を与える

阪東's アドバイス

人はだれでも、友人や知人から影響を受けるもの。過去を顧みれば、必ず見つかるはずです。書き込みシートの自分史年表を見返すなどして、ネタを探してみましょう。また、影響を受けたことを書き出すことで「第三者から見られている自分」や「自分に足りない点」なども見えてきます。

また、回答例のように、アルバイト先の先輩の方法をまねることは「入社後の自発的なスキルアップが期待できる」「マニュアルがなくても自分で工夫できる」点で大きくアピールできます。さらには、人のアドバイスを実行に移す「素直な姿勢」もアピールできます。

自己分析のためのQ＆A（24）→書き込みシートは別冊60ページ

会社でよく使われる
ホウレンソウの意味は知っていますか。

[回答例]

「報告・連絡・相談」だ。上司や、先輩などにつねにコンタクトをとる ことは、アルバイト先の会社で教えられたので、よく覚えている。

阪東'ｓ アドバイス

　面接でたまに聞かれます。「すぐに仕事の結果を『報告』すること。上司との 『連絡』を絶やさないこと。迷ったらすぐ上司・先輩に『相談』し、自分で勝手 に判断しないこと」。また、このホウレンソウの他に、アオイクマ（慌てないま たは焦らない・恐れないまたは怒らない・威張らない・腐らない・負けない）も あり、警察や消防、警備業で使われています。

自己分析のためのQ＆A（25）→書き込みシートは別冊60ページ

あなたは外交的ですか。内向的ですか。
その理由も述べてください。

[回答例]

　外交的だ。人の集まるところには自分も呼ばれたいと思うからだ。

阪東'ｓ アドバイス

　外交的でない人は、その旨を正直に書きましょう。面接で聞かれた場合、無理 に外交的にふるまおうとしても、面接官は、話すようすや雰囲気でわかってしま うものです。
　内向的な性格も、決してマイナスになりません。総務や経理、人事などの管理 部門には緻密さが必要で、採用数は多いものです。内向的な性格を自己アピール につなげられるよう、組み立てておきましょう。

あなたはプラス思考ですか。マイナス思考ですか。

[回答例１]

　プラス思考だ。何事にも楽観的だ。南国育ちのせいもある。ある意味、ルーズな面があるが、東京のような忙しいところでは、プラス思考は欠かせない。

ココが使える！ 面接では「プラス思考を心がけています」と答えるのが常識

[回答例２]

　プラス思考だ。

　私は中学・高校・大学と、野球部に所属していたので、つねに「前へ前へ」という指導を受けていた。ビジネスにも、スポーツと同じように「前へ前へ」の精神が必要なところがあると思う。

阪東's アドバイス

　前のQ&A（25）に「外交的か、内向的か」という類似の設問がありましたが、今回は、もっと人間の心理に踏み込んでいます。

　「そのどちらでもない」思考の人、あるいは「くよくよと考える」「失敗すると怖くなる」などマイナス的な思考をする人がいます。それが普通です。しかし、ここは就職活動のための設問ですから、面接で聞かれた場合は「プラス思考を心がけています」と答えるのが常識です。迷う設問ではありません。聞かれるときに備え、別冊の書き込みシートを使って、しっかりと内容を組み立てておきましょう。

　また、このことは歴史、民族によっても違います。アメリカの映画『知りすぎていた男』（監督・ヒッチコック）のテーマ曲「ケ・セラ・セラ」（なるようになるさ）は有名です。映画自体よりも有名で、ラテン的な「楽観主義」的な意味合いの曲となっています。みなさんも、もし何社も落ちたとしてもマイナス思考に陥らず「ケ・セラ・セラ」で気分を変えて頑張りましょう。

自己分析のためのQ&A（27）→書き込みシートは別冊61ページ

恥ずかしく感じた体験はありますか。
それをどう切り抜けましたか。
または切り抜けられなかった理由は何ですか。

［回答例1］

　大学の学園祭で演劇を行ったとき、本番のステージ上でハプニングが起こったこと。アドリブの台詞と演技を入れることで、ハプニングを笑いに変えて、何とかその場を切り抜けた。

ココが使える！ 機転が利くことをアピールできる

［回答例2］

　インドへボランティアに行ったときのこと。トイレに紙がなく、私も持ち合わせていなかった。頭の中が真っ白になるほど焦り、迷ったが、現地の人を真似て、インド式に水と左手でお尻をふいた。

　思い切ってしてみると、案外気持ちよかった。インドの人になったような気がした。

ココが使える！ 順応性や思い切りのよさがあることをアピールできる

阪東's アドバイス

　この設問に答えることで、自分が何に対して恥ずかしさを覚えるか、ひいては、人生で何に重きを置いているかが見えてきます。また、対処法を書くことで、問題解決能力があるかどうかもわかってきます。

　回答例1は「自分を落とすことで、笑いをとる」という関西の芸人の手法です。それこそ恥ずかしがらずに、考えておきましょう。成功事例は「機転の利く人間」と思わせる、アピール材料になります。また、切り抜けられなかった場合は「素直さ」を表現して、それをアピールの材料にしましょう。回答例2は「順応性」のアピール材料になります。

野球に興味（観戦を含めて）はありますか。なければどんなスポーツが好きですか。

[回答例1]

　野球には、とくに興味はない。スポーツは、運動不足解消に水泳をする程度だ。観戦したことがあるのはフィギュアスケート、競馬だが、とくに詳しいわけではない。

[回答例2]

　自分が行うスポーツでは、ジョギングが好きだ。1人で気軽にできる。新型コロナウイルス感染症の流行で自宅にこもりがちだったときに私は、飼い始めたばかりの犬と、朝5時から散歩がてらジョギングをした。3か月の赤ちゃん犬は半年で体長50センチにもなった。今では、犬に引っ張られてジョギングをしている。

阪東's アドバイス

　40代以上のとくに男性は、野球を子ども時代に体験しています。30代ぐらいではサッカーの人気も高いですが、面接官との世代間の違いを認識して、入社したら「おじさん」との会話にもついていけるように、ひいきのプロ野球チームぐらいは考えておきましょう。

　やるスポーツがあれば、それは「体力面」でのアピールポイントになります。とくに「体力がありますか」という設問が集中します。「水泳」「ジョギング」など、1人でも簡単にできるスポーツを今から始めてもいいですね。

　また、面接の場でスポーツをさせられることはないので、多少の誇張は許されるでしょう。

　ジョギングやマラソンなどもブームになっているので、年代・性別を問わない趣味として今から始めてもいいでしょう。

友人からの相談ごとは多いほうですか。

[回答例]

　あまり相談は受けないようにしている。というのも「もっと自分で考えたらどうか」とついつい思ってしまうからだ。多くの相談は、何ら助言を必要としていない。ただ自分の気持ちを吐き出したいだけの人が多いように思う。また、助言を必要としている人でも、ある程度の方向性は、あらかじめ決まっていることが多い。

　就職活動では、自分の気持ちがフラフラしがちになる。「本当にその業界に行きたいのか」「自分にその職種への適性はあるのだろうか」など、疑問は尽きない。

　そんなとき、助言を与えてくれる人の存在をついつい頼ってしまいがちになる。その気持ちもわかる。しかし、人の助言は「聞いておく」ぐらいが、ちょうどいい。人に言われてコロコロ変わるような気持ちは長続きしない。

　私は人から相談を受けるときは、相手の気持ちを汲み取り、相手の意思を確認することに重きをおいている。何よりも自分で考え、自分で決断することが大切だ。

阪東's アドバイス

　人から頼られる人物か否かを見る設問です。書き出すことで、自分の人間関係やそれに対する考え方がわかります。

　回答例のように、逆説的に分析することも大切です。そうでなければ、「よくあります」と答えておくのが無難です。書き込みシートを使って考えをまとめ、その具体例ぐらいは言えるようにしておいてください。面白い例があれば、自己アピールの材料になります。

第1志望の業種以外はどんなところを受けましたか。

[回答例1]

　受けていない。「広告制作がやりたい！」という、この気持ちを貫こうと決めていた。

　また、たとえ第1志望の会社に行けなくても、できるだけ広告制作に近い会社を選んで勤めようと考えている。

[回答例2]

　第1志望は自動車メーカーだが、自動車部品や工作機械など関連するメーカーを希望している。

ココが使える！ 一般的に、第1志望と関連している業種（業界）を挙げるのが無難

[回答例3]

　将来は夢のあるジェット機の営業の仕事をしたい。ホンダ　エアクラフト　カンパニーを検討している。

阪東's アドバイス

　この設問に答えることで、第1志望以外の業種（業界）への「思い」が見えてきます。第1志望が絶対だと思っていても、それ以外の業界を見直すことによって新たな発見があるかもしれません。また、第1志望の業界を改めて見直すきっかけにもなります。もちろん、回答例1のように、第1志望だけの場合は、これでもかまいません。通常は、関連業種を第2志望にしたり、同じ「製品」をつくっている別の業種でもいいでしょう。

　この設問では、業界研究をきちんと行っているかどうかも見られています。また、ESには「他社の受験状況を書いてください」という欄がよくありますが、そこにまったく違った業界の企業名を書くと「軸がぶれているな」とか「うちの業界は第1志望でないのか」と、面接官や人事担当者に思われるかもしれません。書く業界・企業名には注意してください。

自己分析のためのQ&A（31）→書き込みシートは別冊64ページ

これまでに遭遇した困難はどんなものですか。また、それをどう乗り越えましたか。

[回答例]

就職活動中にとても困ったことがあった。

あるアパレル会社の内定者の方にOB訪問をお願いしていたが、ダブルブッキングしてしまい、ドタキャンせざるを得ない状況になった。結果としてOBの方の機嫌を損ねてしまい、とても怒られた。メールも電話も取り合ってもらえず、直接会って謝ろうにも「翌日から研修で、朝には東京駅から出発する」と、なかなか上手くいかなかった。

困ってしまったが、どうしても会って謝ろうと考え、朝早くから東京駅で待ち伏せして、飛び込みで謝罪しようと決意した。結局、東京駅で会うことはできなかったが、相手の方に熱意を伝えることができ、無事に関係を修復することができた。これはこの場合だけに限らないことだと思うが、問題にぶつかったとき、誠実に行動することがいちばんの解決策だと実感した。

阪東's アドバイス

この設問は、実に半数近い企業のエントリーシートで書かされます。文字どおり、困難を打開する（自己判断・問題解決）能力を見るものです。自分史年表で子どものころから振り返ると、だれでも多少なりとも似たような体験をしているはずです。思い出しながら書き出してみましょう。

ただし、この回答例のように、相手に迷惑をかけて怒らせた場合には、言葉巧みな弁解ではなく、何度でも謝り、手紙を書くなど、誠意を貫くことが大切です。自分ができるかどうかは別にして、いわゆる模範回答として覚えておきましょう。

また「あなたの欠点は何ですか」という質問もよくされます。その場合、正直に「気が小さいことです」などと答えるのではなく、「人がよいので、頼まれると断れない」と、プラスのアピールをします。これも模範回答として覚えておくとよいでしょう。

初代〜終戦		27	濱口雄幸	64・65	田中角榮(1)(2)
1	伊藤博文(1)	28	若槻禮次郎(2)	66	三木武夫
2	黑田清隆	29	犬養 毅	67	福田赳夫
3	山縣有朋(1)	30	齋藤 實	68・69	大平正芳(1)(2)
4	松方正義(1)	31	岡田啓介	70	鈴木善幸
5	伊藤博文(2)	32	廣田弘毅	71〜73	中曽根康弘(1)〜(3)
6	松方正義(2)	33	林 銑十郎	74	竹下 登
7	伊藤博文(3)	34	近衞文麿(1)	75	宇野宗佑
8	大隈重信(1)	35	平沼騏一郎	76・77	海部俊樹(1)(2)
9	山縣有朋(2)	36	阿部信行	78	宮澤喜一
10	伊藤博文(4)	37	米内光政	79	細川護煕
11	桂 太郎(1)	38・39	近衞文麿(2)(3)	80	羽田 孜
12	西園寺公望(1)	40	東條英機	81	村山富市
13	桂 太郎(2)	41	小磯國昭	82・83	橋本龍太郎(1)(2)
14	西園寺公望(2)	42	鈴木貫太郎	84	小渕恵三
15	桂 太郎(3)	**戦後**		85・86	森 喜朗(1)(2)
16	山本權兵衞(1)	43	東久邇宮稔彦王	87〜89	小泉純一郎(1)〜(3)
17	大隈重信(2)	44	幣原喜重郎	90	安倍晋三(1)
18	寺内正毅	45	吉田 茂(1)	91	福田康夫
19	原 敬	46	片山 哲	92	麻生太郎
20	高橋是清	47	芦田 均	93	鳩山由紀夫
21	加藤友三郎	48〜51	吉田 茂(2)〜(5)	94	菅 直人
22	山本權兵衞(2)	52〜54	鳩山一郎(1)〜(3)	95	野田佳彦
23	清浦奎吾	55	石橋湛山	96〜98	安倍晋三(2)〜(4)
24	加藤高明	56・57	岸 信介(1)(2)	99	菅 義偉
25	若槻禮次郎(1)	58〜60	池田勇人(1)〜(3)	100・101	岸田文雄(1)(2)
26	田中義一	61〜63	佐藤榮作(1)〜(3)		

※一般常識として問われることがあるので、少なくとも戦後の内閣総理大臣は覚えておきたい。原則として、氏名の漢字は「首相官邸HP」を参考にした。

※( )内の数字は複数次就任した場合の順を示す。例：第5代内閣総理大臣は伊藤博文(第2次)。(2024年3月1日現在)

自己分析の
「エントリーシート」
「面接」への活用法

　3章では、1・2章で行った自己分析の成果を本番の
エントリーシートや面接に活かすための考え方について
解説します。前半は、1章で見た「自分史」を再び例に
挙げて、アピールポイントの探し方を説明し、後半では、
人気企業のエントリーシートを基に、「自分史」や「性
格診断」の具体的な活用法をアドバイスします。読むだ
けでもかまいませんが、できれば自分なりの回答をして
みましょう。新たなネタができるはずです。

自己分析で発見したアピール
ポイントは、このように活かす

自分史を書くことで、自分の「色」が見えてくる

　どんな人でも、生まれたときは「まっしろ」です。そこに家族や学校、友人などとのさまざまな「出会い」「環境」が加わり、自分の「色」ができてきます。

　自分史を書くことで、その「色」がより明確になります。企業側は、みなさんがどういう「色」を持っているのかを、エントリーシート（ＥＳ）——顔写真を含めて——や面接で判断します。

　逆に言うとみなさんは、自分史を書く中で発見した「長所」や「アピールしたい点」をＥＳに書き込んでいけばいいのです。

自己分析を繰り返し、ESに書く内容を絞り込んでいく

　多くの人がＥＳを前にして悩むのは「どのようなことを書けばいいのか」ということです。白紙のＥＳに自分の商品開発（のアイディア）や夢、自己紹介を書かせる企業も多くなってきています。

　みなさんもＥＳを前にして悩むところでしょうが、その前に**自分史作り（１章）や性格診断的アプローチ（２章）の作業から「自分はどういう人間だったのか」を拾ってきましょう**。まずは、別冊の書き込みシートに記入して、自分の頭の中を整理してください。

　そして、膨大な量の中から「自分」を発見するため、つねにＯＢ・ＯＧ訪問や業界研究、家族・友人への質問などを繰り返し行い、ＥＳに書く内容を絞り込んでいきましょう。

　では、１章で紹介した３人のうちの大林さん（商社内定）と神田さん（ＩＴ大手内定）を再び例に挙げながら、「自分史」をＥＳや面接に活かすにはどうすればよいか、その考え方を説明していきます。

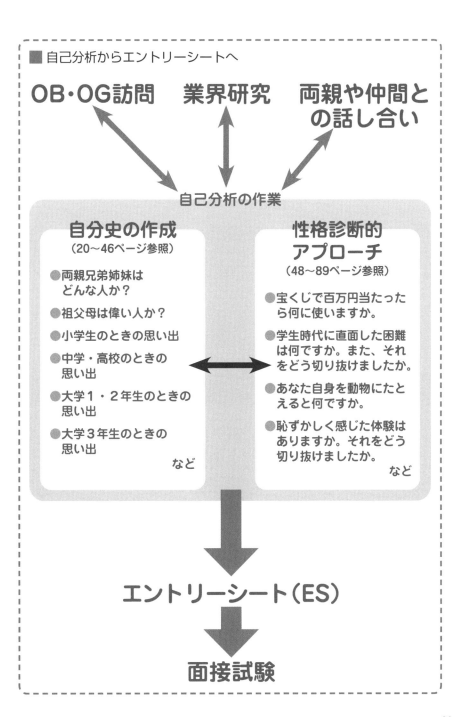

■ 自己分析からエントリーシートへ

OB・OG訪問　業界研究　両親や仲間との話し合い

自己分析の作業

自分史の作成
（20〜46ページ参照）

- ●両親兄弟姉妹はどんな人か？
- ●祖父母は偉い人か？
- ●小学生のときの思い出
- ●中学・高校のときの思い出
- ●大学1・2年生のときの思い出
- ●大学3年生のときの思い出

など

性格診断的アプローチ
（48〜89ページ参照）

- ●宝くじで百万円当たったら何に使いますか。
- ●学生時代に直面した困難は何ですか。また、それをどう切り抜けましたか。
- ●あなた自身を動物にたとえると何ですか。
- ●恥ずかしく感じた体験はありますか。それをどう切り抜けましたか。

など

エントリーシート（ES）

面接試験

「体力」と「まじめさ」を強調（25ページ・大林さんの例）

●仕事には精神的なタフさが求められる

　会社の仕事は激務です。精神的なタフさが要求されます。ＥＳや面接では、精神的なタフさの度合い（会社の業務についてこられるかどうか）を人事担当者から見られます。逆にみなさんは、**自分史から「体力」や「タフさ」を引き出してアピールしていきましょう。**

　実は「東大」の学生が頭がいいのは「体力」があるからだ、と考えています。というのも、私は大学卒業後、「新潮社」に入ったのですが、そこで東大卒の先輩を見るたびに、体力が違うと実感したからです。

　精神的なタフさは、体力があってこそのものです。就職活動で体育会系が有利なのは「縦の人間関係」に「慣れている」だけではなく、やはり「体力」があるからなのです。

　25ページで紹介した大林さんの自分史でも、ハンドボール部での活動、ボート部での自然との触れ合いなど、随所に体力をアピールできる場面があります。

●すぐに辞められると企業は「大損」する

　もう１つ、企業が学生に求めるものは「辞めない」ということです。友人である某都銀の支店長が、新入社員を４年なり５年なりかけて「半人前」にするのに数千万円かかる、と言っています。つまり「半人前」になるまでに辞められたら、それだけ企業は「大損」するのです。

　日本の大半の企業は今でも「終身雇用」が前提です。近年では「団塊の世代」の人量退職によって、「技術の継承」が問題になっています。

　「辞めない人材」をＥＳや面接でどう見分けるのかが、企業にとって大切になります。逆にみなさんの立場で言うと、**大事なのは、自分史や性格診断的なアプローチから「粘り強さ」「まじめさ」「忍耐力」「協調性」「他人への配慮」などのアピールポイントを見つけてくることです。**

　もちろん「辞める」にはさまざまな理由があります。入社前に期待した仕事ではなかった、というのもあります。ただし、それはＯＢ・ＯＧ訪問をして「実情」を把握していないことに原因があります。ＥＳの中で、志望業界や志望動機が重視されるのは、まさに「仕事の現場」を知っているかどうかを把握するためです。インターンシップを企業が行うのもそのためです。

企業が求めるもの

精神的なタフさ（体力があってこそのもの）

大林さんのアピールポイント

●中学・高校・大学と、ハンドボール部で活動←（体力・継続性・協調性）

●ボート部（高校で兼部）での自然との触れ合い←（体力）

企業が求めるもの

辞めないこと（大半の企業は「終身雇用」が前提。団塊の世代の大量退職で「技術の継承」が問題に）

大林さんのアピールポイント

●家計簿による節約術←（まじめさ・実直・苦労人）

●部活動←（粘り強さ・努力家）

●「体力」「まじめさ」がアピールポイント

さて、この大林さんの例です。自分史を読めば「まじめ」な人だとわかります。「地味さ」も感じられます。しかし地味だからこそ、この学生は入社しても辞めないだろうと、面接官は判断します。優秀なセールスマンが必ずしも「能弁」でないのと同じです。口数が少なくても、「実直さ」「信頼できそう」が売りの「トップセールスマン」は多いのです。みなさんもまず「実直さ」を長い自分史の中から引き出しましょう。

大林さんの例でいうと「家計簿による節約術」が「実直さ」をアピールする材料になります。大林さんは、実家からの仕送りが少なく、奨学金とアルバイト代でやりくりするために、今や若い人にとっては「死語」とも言える「家計簿」を活用しています。家計簿で生活費を管理するのは容易ではありません。パソコンのExcelでも管理はできますが、家計簿のように領収書を貼ることはできません。「家計簿」「生活費の管理」と、二重に「実直さ」がアピールできるのです。

「自分史」からのワンフレーズで一発逆転（31ページ・神田さんの例）

●近頃の学生に欠けている強い行動力、自立心の強さをアピール

　一発逆転を狙うには、他の学生にない自分の個性をアピールするのが効果的です。この神田さんの例では「１人旅」に絞ってみていきましょう。まず「１人旅」で「強い行動力」や「自立心の強さ」をアピールすることができます。読んでみると、「大学に入ったら種子島に行くと決めていた。天体望遠鏡を買うほど星や惑星が好きだったので、種子島宇宙センターはぜひ行きたかったのだ」とあります。種子島宇宙センターは鹿児島県にあります。神田さんが実家の広島からかあるいは大学のある関東からか、どこから行ったのかはわかりませんが、アルバイトで貯めたお金で夜行バスとフェリーを乗り継いで行ったとあります。さらに帰りは宇宙センターからのバスが運休でヒッチハイクをしています。このような「行動力」「判断」「機転」も高い評価につながります。

　最近では、関西の大手民放の内定者でこんな例もあります。彼女は前日に地元の人も避けるディープスポットに１人で行き、それを面接でアピール。体育会系の男子たちを押しのけて、内定を得ました。行動力は大切です。

●「偏見」や「既成概念」を捨てられるのは一種の「能力」である

　さらに神田さんは続けて、ヒッチハイクして乗せてもらった人について「サーフィン帰りの若い男女だった。金髪の人は怖いという偏見が払拭された」とあります。これは、「金髪の人は怖い」という偏見を持っていた神田さんが、ヒッチハイクの車中で会話が弾み、金髪＝怖いという見方が必ずしも妥当ではないと理解した、というエピソードです。

　私たちはどこかで「偏見」や「既成概念」を持っています。ＩＴ企業や出版社、広告、放送などアイディアや創造力が求められる業界では、それこそ24時間、365日、「発見」「ちょっとした見方の工夫」を大事にしています。ノーベル賞学者や数学のノーベル賞ともいわれるフィールズ賞学者が、よく「風呂に入っているときにふと思いついた」と言うのも「ちょっとした見方の工夫＝ひらめき」のエピソードです。

　仕事によっては「与えられた役目を着実にこなす」以外のことも、つねに求められます。そのような場では、神田さんのような「偏見」や「既成概念」を捨てられる一種の「能力」が非常に重要視されます。

企業が求めるもの
強い行動力・自立心

↑

神田さんのアピールポイント
● 「1人旅」「ヒッチハイク」←（「行動力」「判断」「機転」）

企業が求めるもの
幅広い人材
（どんな企業でも「常識的な発想」ばかりを求めてはいない）

↑

神田さんのアピールポイント
● 「偏見」や「既成概念」を捨てられる能力

※これも「1人旅」の経験から会得したもの

●ビジネスの場で求められる、相手の懐にとびこむ積極性

1人旅では「百聞は一見にしかず」「一期一会」が実感できます。ゲストハウスで同宿した「1年の半分は旅行をして、出会った人にコメントを書いてもらっている」という同世代の女性の話があります。このような出会いは1人旅でないとありません。ここで神田さんは、ゆっくりと旅をしている彼女からかけられた「何かせわしいね……」という言葉を記して、自らの日常を反省しています。

社会に出ると、価値観の違う人に大勢出会うことになります。むしろ、ビジネスでは「共通の話題」を見つけ、進んで相手の懐にとびこむ積極性も要求されます。その意味では、神田さんの種子島でのエピソードは、面接官の共感を得るでしょう。「最近の若者に欠けているものは読書と1人旅」という「面接官の既成概念」も彼女には当てはまりません。

エントリーシートを書く際は、自己分析をこのように活かそう

実際のエントリーシートを基に書き方をアドバイス

　人気企業のエントリーシート（ＥＳ）を基に、自己分析を活かして書くためのポイントを紹介していきます。ＥＳを書く前に、**まずは自己分析シートをOB・OGに見せるなどして、書くネタを選んでおいてください。**

　本章では設問を「よくある設問」と「企業別のユニークな設問」の２つに分けました。みなさんが志望する企業のＥＳにも同じような設問があると思います。書く際の参考にしてください。ただし「自分で工夫すること」も忘れずに。

　また、**ほぼ必ず聞かれる「所属ゼミ・部活・サークル・趣味・特技」などの設問は省略しましたが、これらもおろそかにしないでください。**例えば「特技」について、とくに変わった技がない人でも「日記」や「家計簿」など、工夫をすれば特技ネタとして使えます。「カポエイラ」「アルティメット」など、特異なスポーツなどを挙げて面接官の目を引くことも大切です。「読書」なら、作家名や作品名なども書いておけば話の取っかかりになります。できれば面接の段階に合わせて、若い社員には今の作家、中高年の役員クラスには池波正太郎・司馬遼太郎・藤沢周平ら時代小説作家など、その世代がよく読んでいる作家の話をするのが好ましいです。「趣味」にも重なりますが、「囲碁・将棋」ネタは中高年が好みます。

　全体的な注意点としては、固有名詞や数字を入れるなどして、話に具体性をもたせてください。また、序章でも述べましたが、面接官はみなさんが書いたＥＳを見ながら質問をしてきます。したがって、**書き終えたＥＳを提出する前に、写しやメモを残して、面接の準備をしておきましょう。**アドバイスは「面接のポイント」にもなっています。

阪東's アドバイス

　あくまで第２志望であることを強調する必要があります。右記の例のように「やりたいこと」と「第２志望の理由（若干の批判）」を明確にするといいでしょう。

よくある設問（１）

希望の職種を聞く

［ＪＲ西日本の例］

希望分野

事務系（鉄道）

［日本テレビの例］

志望分野

報道

［ＪＡＬの例］

志望分野

地上職事務系

阪東's アドバイス

　ＪＲは非常に人気があります。希望職種が事務系でも、具体的に「何をやりたいか」をはっきりさせておきましょう。ＪＲ以外でも鉄道系は不動産事業やデパートなどの小売業にも携わっています。そちらに配属される場合もあります。面接で尋ねられた場合にどう答えるか、事前にしっかりと考えておきたいところです。

　テレビ局も同様です。報道志望で入っても、日本テレビなど異動の多い局は後で人事部や総務部に回されることがあります。「テレビ局の仕事」全般を理解しておきましょう。

　航空会社は、ＬＣＣ（格安航空会社）の存在がますます大きくなっています。なぜＬＣＣではなくＪＡＬ（やＡＮＡなど）なのかを答えられるように、よく考えておきましょう。

よくある設問（2）

自社以外の志望企業名

［集英社の例］

● 出版業界以外で興味を持っている業種・企業と、その理由を書いてください。

　映画業界も志望している。物語を紡げる場所として、映画企画の仕事に携わりたい。一方で、一本の物語にかかる費用が莫大なこと、対象にする人数が多いことが理由で、本に比べて尖った物語を紡ぐことができないことが欠点だ。

よくある設問(2)

[JT－日本たばこ産業の例]

① 現在の志望企業名（JT以外）を教えてください。

サントリー

②（2社目）現在の志望企業名（JT以外）を教えてください。

味の素

③（3社目）現在の志望企業名（JT以外）を教えてください。

カゴメ

阪東's アドバイス

　　現在の志望企業名（JT以外）は、この例のように、同じ業界（食品メーカー）で統一するのが無難です。ただし、直接のライバル企業は書かないほうがいいでしょう。

よくある設問(3)

英語力

[出光興産の例]

● 語学レベルをご記入ください。

ＴＯＥＩＣ®Ｌ＆Ｒテストスコア　６２０点

阪東's アドバイス

　　語学レベルは、TOEIC®L&Rテストスコア 620点が最低ラインです。出光興産は統合した昭和シェル石油が外資の入っていた企業なので、英語はペラペラが望ましいでしょう。

阪東's アドバイス

　　企画を具体的に提案している点は評価されます。ただし、「なぜ自分がおじさんの読む週刊誌を作りたいのか」がわかりません。熱意だけでなく、しっかりと自分とやりたい仕事の接点を明確にする必要があるでしょう。

よくある設問(4)

志望する理由

[JR西日本の例]

● JR西日本に関心を持った理由をお書きください。

　私は京都の梅小路に生まれ、幼い頃からJR西日本の電車にお世話になってきた。小学校のとき家族で出かける時は電車で、高校のときは毎朝満員電車に揺られた。私のこれまでの「暮らし」は電車に作られていると思っている。そんなJR西日本で今度は私が人々の暮らしを支えたいと考えた。

阪東's アドバイス

　自分史年表の中から、自分と会社の接点を意識してピックアップした点はいいでしょう。ただしJR西日本を受験する大半の学生が、「電車に乗っていた」という志望動機を書くと思われます。例えば、無遅刻などで自分がパンクチュアル（時間に正確）であることをアピールしましょう。鉄道、航空、船舶など交通系の企業では、遅刻は減給につながるほど厳しくみられます。

よくある設問(5)

入ってからやりたい仕事

[講談社の例]

● やってみたい仕事とその理由を具体的に書いてください。

　『週刊現代』のページをめくれば、社会問題の記事があり、エッセイがあり、グラビアがある。『週刊現代』は粋のエキスがつまった「おじさんのバイブル」だ。私はそんな『週刊現代』で、日本の路地裏に染み込む「粋」を深めていきたい。

　具体的には「下町ブルース」というタイトルで、浅草キッドの水道橋博士に、下町にいる粋な芸人のルポを書いていただきたい。

[出光興産の例]

● 当社でしたいことについて記入してください。

　日本のエネルギーの安定供給に携わりたいです。また、今後の世界経済の発展をエネルギー供給から支えていきたいと思っています。その分野なら、グローバルな視点を持って活躍できると感じたからです。

阪東's アドバイス

　「当社でしたいことは」の設問に「日本のエネルギーの安定供給に携わりたい」と答えては平凡です。ウクライナ情勢など国際環境の変化で、原油の調達先の分散などについても考えておく必要があります。またＥＮＥＯＳでんき(ガソリンと電気のセット)など他社の事例にも言及するとよいでしょう。

[キリンビバレッジの例]

● 【新しい飲料文化の創造】
現在にはない新しい飲料文化を考え、それについて企画書を作成してください。テーマから思いつくことであれば何でも構いませんので、自由な発想でお書きください（絵・写真の貼り付けも可）。

「アクアマダム」

　私は、女性をメインターゲットとする炭酸飲料を提案する。ずばり「アクアマダム」。

　昨今、美容や健康のために炭酸水を飲むことがブームになっているが、味の無い炭酸水を飲み続けることに苦痛を覚える人も多いはずだ。また、女性が炭酸飲料を選びにくい要因として、炭酸飲料はカロリーが高い、というイメージがある。

　炭酸を入れる都合上、味は濃くなりがちだ。そこで、グレープフルー

ツやキウイのテイストを採用し、ジュース部分の味は薄めにして糖分を抑え、そこに果肉や種の食感を残して入れることで少量でも満足感を得られるようにする。さらに、炭酸とフルーツテイストによって飲んだ後も爽快感が残る。

パッケージにもこだわりたい。一般に炭酸飲料は派手なパッケージのものが多いが、この商品のパッケージにはキリンの人気シリーズ「世界のKitchenから」のように白を基調とし、フルーツのイラストも水彩画のような淡いタッチのものを採用する。カロリーも大きめに表示する。このような工夫をし、30〜50代の女性がオフィスや、家庭のテーブルの上に置いていても違和感のないデザインにしたい。

価格はコンビニなら180円とする。お茶や水よりは高いが、清涼飲料水でかつ美容や健康によいものであれば、あまり悩まずに買える価格だ。

「おいしいものを飲んで美しくなれる」ことを訴えかけ、「ハイソ」な女性が手軽に外で炭酸飲料を飲むことができるようにしたい。

阪東's アドバイス

【新しい飲料文化の創造】という設問は、この会社のエントリーシートの中でもっとも難関の設問です。

美容と健康に気づかう女性のための炭酸飲料は、アイディアとしてはいいかもしれません。風味やパッケージデザイン、価格など、具体的なコンセプトも書かれています。

応募者が自由に書ける設問については、性格診断シートの中のクリエイティブ系の設問（色・動物・無人島など）などを見返しながら考えていきましょう。また、やりたい仕事についてなどは、自分史年表の中のアイディアにつながる記述を探しましょう。本書の神田さんの例でいえば「ビジネスプランコンテスト」が企画開発につなげられます。また、大林さんの例では「家計簿」の分析で商品開発の大切な要素である「価格設定」が提案できます。

学生時代に力を注いだこと

［キヤノンの例］

● あなたが学生時代に力を入れたことは何ですか。（具体的に）

　サークルで、飲み会係を務めたこと。お酒の場で皆が楽しめるように、面白い店を探したり、お酒を飲めない人でも楽しめるようなプランを考えたりと、部員全員に気を配り、楽しい時間を準備できるように心がけました。また、新入生の勧誘にもとくに力を入れました。

阪東's アドバイス

　学生時代に力を注いだことも、エントリーシートでは多く見られる設問です。性格診断や自己分析で徹底研究をしておきましょう。性格診断シートの「困難に直面したとき」で書いたようなところから引用できます。この学生は「飲み会幹事」と「新入生の勧誘」のことを記述していますが、106ページの例のように「相談に応じた結果、15人の新入生の入部が決まりました」など、数字を挙げながらもう少し具体的な例を入れると、エントリーシートが活きてきます。

［出光興産の例］

● 学生時代に注力し、自分なりに成果が出たと思うことについて記入してください。

　大学のクラスから有志を募って演劇に挑戦することになり、中心メンバーとして参加しました。参加者の募集・会議の企画から始めて、練習日程の調整や練習場所の確保といったことを行い、キャストとして出演もしました。連日の練習は忙しくて大変でしたが、仲間と積極的に意見を出し合いながらともに1つのものを作り上げる喜び、その中で互いに成長できる充実感を得ることができました。

[キリンビバレッジの例]

● 学生生活で特に力を入れた活動について、挑戦・やり抜く・協力
　という3つの視点を含めてお書きください。

　私は、小さな個人経営のカフェで、アルバイトを3年間続けました。
初めは皿洗いばかりでしたが、そのうちに料理やデザート作りも任され
るようになりました。手書きのメニューも、お客さんたちに楽しんでも
らえるように工夫して書きました。思い切って、新しいメニューを提案
したこともありました。ほかのスタッフと試行錯誤して完成させ、採用
されました。常連さんをはじめとするお客さんたちに喜ばれるのは、と
てもうれしく、やりがいがありました。

阪東's アドバイス

　「挑戦・やり抜く・協力という3つの視点を含めて」とありますが、前ペ
ージの2社と共通の設問です。この学生の回答例では、まだ具体的ではあり
ません。どういう「手書きのメニュー」なのか、「新メニュー」とは何か？
という、肝心なところが欠けているのです。

阪東's アドバイス

　「学生時代に注力し、自分なりに成果が出たことは何か」という設問もよくあ
ります。自分史や自己分析から2、3パターン引き出し、友人と批評し合うなり
して「よいもの」を比べましょう。
　残念ながら、この記入例は演劇の規模や活動期間などの数字がなく、「具体的」
ではありません。

よくある設問（6）

［JALの例］

● あなたが大学入学以降に最も力を注いだ事柄は何ですか。「なぜ力を注いだのか（理由）」「何を目指し、どのように挑戦したのか（目標・行動）」「何を実現したのか（内容・成果）」の順で記述してください。

　体育会の応援団での活動です。1年生のときに活動は大きく制限されましたが、2年生になってからは、「私が新入生を確保して指導していかなければ、伝統ある我が部が存続の危機になる」という思いから、必死で勧誘活動に取り組みました。

　まず、ポスターやビラを例年の倍、注文して、地道に活動内容の紹介に努めました。また、興味を持ってくれた新入生50人程度とメールのやり取りをして、一人一人の質問や相談に応じた結果、15人の新入生の入部が決まりました。その後輩たちは誰一人として辞めずに今も共に活動しています。

　「○○先輩に声をかけてもらえなかったら、今ごろ私はこの部にいません」と言ってくれた後輩の言葉は今も忘れられません。目標を達成する粘り強さ、そして「魅力」を最大限、人に伝える力は、御社でも活かしていきたいです。

阪東's アドバイス

　「学生時代に最も力を入れたこと」の設問は、どの業界のエントリーシートにもあります。自分史から困難・苦労やユニークなボランティアなど、2、3パターンのネタを引き出しておきましょう。

　この回答例のように、体育会の応援団の「新入生係」はわかりやすいネタです。部員数やポスター・ビラの枚数など、数字をもっと入れればなおよくなります。新入生とのメールのやり取りでの質問相談は「今どき」らしくて面白いです。「成功した」体験は、それだけで自己アピールになっています。

よくある設問（7）

自己アピール

［関西テレビの例］

● あなたを自由に表現してください（写真などを貼っても構いません）。

『SHODOU ガール』（書道をしている写真）

　私は大学時代、書道部に所属してきた。書道は5歳のときから15年以上続けている。

　そんな私は大学3年生の時にスペインに留学することになった。もちろんスペインには筆や硯、書道をする環境がない。私は筆が握りたくても握れない、もどかしい日々を過ごした。ある時、親友のイアンが「書道サークルを開いてみれば？」と言った。「それだ！」私は日本から新品の筆と硯、半紙などを取り寄せた。そして、部員5人の書道サークルを結成した。年に一度の学園祭では、『SHODOU展』を開くことができた。「何で描いているの!?」「美しいわ」観客の感動の声が今も心に残っている。

阪東's アドバイス

　「自由に表現してください」という設問は、ただ漫然と文章を書くだけではいけません。自分に「キャッチコピー」をつけて、チラシを書くようなイメージで書くと目を引くものになるでしょう。

　上記の例では、一からサークルを立ち上げたり、書道展を開いたりと、自分の「考えを形にする」エピソードは評価されます。「書道」ということで、実際に筆で文字を書いてもいいかもしれません。

　改善点は、このエピソードを通して、「いちばん伝えたい能力」を明確にすることです。例えば、日本から道具を取り寄せたときの苦労を、具体的にアピールするとわかりやすいでしょう。

よくある設問 (7)

[出光興産の例]

● 自己PRを記入してください。

　私は人と打ち解けるのが得意です。アルバイト先の居酒屋では、おすすめのメニューを紹介したり、世間話をしたりしているうちに、常連客に顔を覚えてもらいました。常連客の間ではあだ名で呼ばれ、みんなから親しまれています。

阪東's アドバイス

　自己PRは、もっと固有名詞や数字を入れるなど、具体的に記入してください。この例だと他の応募者との差別化ができません。「オーナーと親しくなることで、それまでの苦労話を聞いたり、生き方を学んだりした」話などを書くとよいでしょう。ネタが面白ければ、そのネタに対する分析力や観察力もアピールできます。

阪東's アドバイス

　「精神的タフさをアピールするネタ」は自分史年表のアルバイト歴や性格診断シートの（17）などを見て選びましょう。ガテン系アルバイトの例がわかりやすく、いいと思います。

[ニッポン放送の例]

● あなたの大学（大学院含）時代の精神的なタフさをアピールする体験を教えてください。

　サークルの遠征でお金がなくなるので、深夜のガテン系アルバイトに奔走したことです。ほとんどが男性である中に交じって、警備や工事、荷物搬送のアルバイトを経験しました。日中の何気ない生活の裏に、こんなに厳しい労働条件で働いている人がいることを、初めて知りました。精神的体力的にもつらかったのですが、いっしょに働く中年のおじさんたちの話を聞いていると励まされ、なかなか辞められなかったです。

働く上で大切にしたいこと

[味の素の例]

● あなたが働いていく上で大切にしたいと思っていることは何ですか。

　私が大切にしたいのは「声かけ＝お客さんに寄り添ったサービス」だ。私はインストアベーカリー方式のパン屋でアルバイトをしている。そこで学んだことがあった。それは店長の「お客さんには積極的に声をかけなさい」という言葉だ。私は「いらっしゃいませ」ぐらいしか思いつかなかった。あるとき、視覚障害者の20代の男性がパンを買いに来た。私はどう対応したらいいのか、戸惑っていた。そのとき、たまたまいた店長が「お客様、今日はクロワッサンがおすすめですよ。いま焼きたてです」とその男性に話しかけた。

　そのときに、私は気づいてはっとした。見えない場合は選択するのも難しいことを。そのとき以来、視覚障害者だけでなくお年寄りなどには進んで、声をかけるようにしている。迷っているお客さんには「今日のおすすめ」「いま時点の焼きたて」そして閉店間際には「値引き品」など、声をかけて案内している。

阪東's アドバイス

　インストアベーカリーとは、工場で仕込んだパン生地に餡などの具材を包み、冷凍して配送し、店に並べる前に、店内で焼くというスタイルです。例えば、大手ではアンデルセンやコンビニのデイリーヤマザキがあります。客には焼きたてのパンを提供できるので人気があります。この学生はそこでの体験を書いていますが、視覚障害者への声かけを通して、上手な自己PRをしています。

　食品業界など、消費者と直接向き合う商品を扱うような業界のESではとても効果的で、評価が高いといえます。また「声かけ」がそのまま「心のこもったサービス」につながっています。小売など、流通業界のESでも使えるでしょう。

どのような人だと言われるか

［トヨタ自動車の例］

● 身近な人から、あなたはどのような人だと言われますか。またそのように言われる理由を具体的に教えてください。

〈あなたはどのような人だと言われるか〉

　真面目な人

〈そのように言われる理由〉

　中学では強豪の吹奏楽部に入り、誰よりも早く朝練に行って練習するほど、熱心に取り組んだ。中学１年生のときには、全国大会の一歩手前まで駒を進めた。２年生の終わりには、生真面目さから部長に選ばれた。しかし、いざ部長になると、自分の統率力のなさをつくづく思い知らされた。一部のヤンキー部員が怖くてうまくまとめることができず、３年生の大会では過去最低の成績を残して引退。この経験から自分への自信を失った。

阪東's アドバイス

　正直に書きすぎです。後半はマイナスの自己ＰＲになってしまっています。また、真面目さのエピソード自体もあまりにありきたりです。

　この例では、前半の「誰よりも早く朝練に行って練習するほど、熱心に取り組んだ」エピソードをもっと具体的に書くことです。したがって、「あなたはどのような人だと言われるか」という設問への答えは、「真面目な人」ではなく「努力家と言われる」に変えましょう。

よくある設問（10）

当社に入ってやりたい仕事や夢

［三菱電機の例］

● 三菱電機でやってみたい仕事や夢と、その理由を記入してください。

　私は女性で文系だが「世の中に役立つ製品」を開発するお手伝いをしていきたい。そう思ったきっかけは、高校生のときのことだ。私たちの担任である歴史の先生が変わった人で、戦国時代が終わると、いきなり「古い歴史だけでなく現代史も大切」と、動画を見せられた。それは2021年にBSプレミアムで再放送されたNHKの人気番組「プロジェクトX」の中の、富士山レーダーを作った人々の話だった。とても面白かったが、詳しい内容はすぐに忘れた。

　私の父も大手重電メーカーの技術者だ。先日、父からそのレーダーが三菱電機のものだと教わった。漠然としていた「仕事への思い」が急に具体的になり、また、強いものとなった。

阪東's アドバイス

　「当社に入ってやりたい仕事や夢」という設問は多くの企業のESで見られます。この場合は、民放ではなく信頼性が高いNHKの番組から、動機を引用しています。これはとてもよい作戦です。三菱電機の幹部は、いくら20年ぐらい前の話でもNHKの人気番組で自社が紹介されたことは、知っています。

　しかも、自分の親が技術者であることをさりげなくアピールしています。話を日ごろから聞いておきましょう。参考ですが、過去の「プロジェクトX」は動画配信サービスの他、NHKがBSなどでの再放送やDVDの販売をしており、TSUTAYAなどでレンタルもできます。建設業界志望者は「霞が関ビル」、「黒四ダム」や「本四架橋（瀬戸大橋）」、ビクターやパナソニック志望なら「VHS対ベータ」の回などを見ると、とてもよい会社研究になります。いまだに取り上げられた企業の幹部の中には誇りに思っている人が多く、最終面接やその前の幹部面接では有効です。2024年4月から始まる「新プロジェクトX」もチェックしておきましょう。

企業別のユニークな設問（1）

旭化成の例

● 以下の9つのワードのうち3つ以上のワードを用いて、自由に文章を作成してください。物語、詩、自分の考えなどどんな内容、表現方法でも結構です。（210字以内）

〈科学・論理・独創・挑戦・野生・銀河・スマート・帰納法・馬〉

　以下、帰納法によって「冷めた論理と熱い挑戦心をもつ長谷川太郎」を証明する。

　東南アジアをカメラ片手に、バックパックで一回り。食あたりとともに紡がれた思い出の数々は、私を形作っている。…①　映画サークルでの新入生勧誘では、PR映像を制作。チラシでは伝わらない「物語」を訴えた。…②（証明終了）

阪東's アドバイス

　2019年ノーベル化学賞を旭化成の名誉フェロー・吉野彰さんが受賞しました。会社所属の研究者の受賞は島津製作所の田中耕一さんに次ぎます。吉野さんのリチウムイオン電池は省エネ、地球温暖化対策にも役立っています。

　またLEDの日亜化学（徳島県）は元社員の中村修二さんがノーベル賞を受賞しましたが、特許を巡り、日亜化学と争った経緯があるので、注意してください。

　上記の例では、3つのワードを選んでうまくPRしています。

企業別のユニークな設問（2）

講談社の例

● 将来、自分の子どもに読ませたい本はなんですか。理由も書いてください。

　『男の作法』池波正太郎……そばつゆにそばを全て浸さない。天ぷらは熱いうちに食べる。10年後、礼儀は今以上に疎んじられるだろう。だからこそ、日本人としての「型」を子どもには身につけてほしい。「無駄」と思われるところに人間の本質は表現されると信じている。

企業別のユニークな設問（3）

ニチレイの例

● 最後に「これだけは伝えたい！」ということがあればご記入ください。

　私には、実現したい夢がある。中学１年生のときは、内気な性格だったので友達は少なかったが、２年生に上がって、担任の先生の影響から自信がつくようになり、交友関係も広がった。

　先月、中学３年生のときに仲がよかった友だち３人と飲んだ。そのうちの１人は、カフェで菓子作りの仕事をしているのだが、今年いっぱいでその仕事をやめて、フランスへ料理の勉強をしに行くらしい。

　中学校という狭いコミュニティでともに過ごした友だちが、自己実現のために海外へ行く——彼女の夢がとてもすてきに思えた。

　私は将来、自分が開発した商品を、お客さまに「おいしい」と喜んで食べてもらえる夢を実現したい。

阪東's アドバイス

　内気な性格を変えることで交友関係が広がり、いまでも付き合っていることは評価されます。そして、友人の留学の事実を知って、驚くとともに、夢の実現に向かって進むことの大事さをPRしています。

　商品開発部門は、どのメーカーでも人気のある重要な部門です。つまり、社内競争が激しいということです。その中で「中学時代の友人の留学」を具体的に示して、希望部署への思いを伝えているのはよい方法です。

阪東's アドバイス

　池波正太郎や藤沢周平、司馬遼太郎、山本周五郎などの時代小説は50〜60代の大半が読んでいます。「好きな本（作家）は？」と聞かれたときに答えると、親近感を持たれるでしょう。ほかにも映画『男はつらいよ』を始めとした山田洋次の作品や小津安二郎（原節子出演の『東京物語』など）、黒澤明（『七人の侍』など）の作品は見ておくことをお薦めします。

　左記の例は作品の選択はいいですが、もう少し「自分の経験」に引きつけたほうが説得力を持ちうるでしょう。

世界の主な受賞者

1901年	ヴィルヘルム・レントゲン〈物理学賞〉「X線」の発見
1903年	アントワーヌ・アンリ・ベクレル〈物理学賞〉「放射線」の発見
1903年	キュリー夫妻〈物理学賞〉「放射能」の研究
1906年	セオドア・ローズヴェルト〈平和賞〉日露戦争での和平交渉の斡旋
1911年	マリー・キュリー〈化学賞〉「ラジウム」「ポロニウム」の発見、ラジウムの研究
1921年	アルバート・アインシュタイン〈物理学賞〉「光電効果」の発見
1945年	アレクサンダー・フレミング〈生理学・医学賞〉「ペニシリン」の発見など
1964年	マーチン・ルーサー・キング・ジュニア〈平和賞〉人種差別に対する非暴力抵抗運動
1965年	リチャード・P・ファインマン〈物理学賞〉「量子電磁力学」の発展への貢献
1965年	ジュリアン・シュウィンガー〈物理学賞〉「量子電磁力学」の発展への貢献
1979年	マザー・テレサ〈平和賞〉貧しい人々のためのボランティア活動
1990年	ミハイル・ゴルバチョフ〈平和賞〉「ペレストロイカ」、冷戦の終結など
2009年	バラク・オバマ〈平和賞〉核兵器廃絶に向けての姿勢など
2011年	エレン・サーリーフら〈平和賞〉平和と女性の地位向上への貢献
2017年	ICAN（核兵器廃絶国際キャンペーン）〈平和賞〉
2017年	カズオ・イシグロ〈文学賞〉偉大な感性をもった小説。※日系イギリス人

日本人全受賞者

1949年	湯川秀樹〈物理学賞〉「中間子」の存在を予言
1965年	朝永振一郎〈物理学賞〉「くりこみ理論」で量子電磁力学に貢献
1968年	川端康成〈文学賞〉繊細な表現で日本人の心情を描く
1973年	江崎玲於奈〈物理学賞〉「トンネル効果」を発見。「エサキ・ダイオード」
1974年	佐藤榮作〈平和賞〉非核三原則を提唱。アイルランド元外相と共に受賞
1981年	福井謙一〈化学賞〉「フロンティア電子軌道理論」
1987年	利根川進〈生理学・医学賞〉「多様な抗体遺伝子が体内で再構成される理論」
1994年	大江健三郎〈文学賞〉詩的な言語で現実と神話の混交する世界を創造
2000年	白川英樹〈化学賞〉「ポリアセチレン膜」の合成に成功
2001年	野依良治〈化学賞〉「不斉合成反応」の研究。有機化合物の合成法に貢献
2002年	小柴昌俊〈物理学賞〉天体物理学（とくに宇宙ニュートリノの検出）へのパイオニア的貢献
2002年	田中耕一〈化学賞〉生体高分子の同定及び構造解析のための手法の開発
2008年	南部陽一郎〈物理学賞〉「自発的対称性の破れ」を発見
2008年	小林誠、益川敏英〈物理学賞〉「小林・益川理論」による物理学への貢献
2008年	下村脩〈化学賞〉「緑色蛍光タンパク質（GFP）」の発見と開発
2010年	鈴木章、根岸英一〈化学賞〉「クロスカップリング反応」を開発
2012年	山中伸弥〈生理学・医学賞〉成熟細胞が初期化されて多様性を持つことを発見(iPS細胞)
2014年	赤﨑勇、天野浩、中村修二〈物理学賞〉青色LEDを開発
2015年	梶田隆章〈物理学賞〉ニュートリノ振動の発見
2015年	大村智〈生理学・医学賞〉線虫による感染症に対する治療法
2016年	大隅良典〈生理学・医学賞〉「オートファジー」のメカニズムを解明
2018年	本庶佑〈生理学・医学賞〉免疫チェックポイント阻害因子の発見、がん治療への応用
2019年	吉野彰〈化学賞〉リチウムイオン電池の発明
2021年	真鍋淑郎〈物理学賞〉地球の気候変動の定量化など

※日本人の受賞者は、氏名・賞名・受賞理由を覚えておこう（ただし、南部氏、中村氏、真鍋氏はアメリカ国籍）。世界の著名なノーベル賞受賞者も一般常識として問われることがある

私は自己分析を軸に、こうして就職活動を乗り切った

──内定者の実例──

　実際の学生は就職活動中にどう考え、どう動いたのか、知りたいところでしょう。そこで、5人の内定者に自己分析やOB・OG訪問、エントリーシート、面接などの実体験を語ってもらいました。

　これまで述べてきた自己分析とそれをエントリーシートや面接に活かすノウハウが役立つことを、認識してもらえると思います。

内定者が語る、自己分析の大切さと実際の就職活動体験

私たちはこう自己分析をして、就職活動に役立てた

　前章では、自己分析で発見した「自分の長所」「アピールしたい点」をエントリーシート（ＥＳ）や面接に活かすための考え方を説明しました。

　では、実際に内定を獲得した学生たちはどう考え、どう動いたのか。国立大・Ａさん（男性・ゼネコン内定）、私大・Ｂさん（女性・アナウンサー内定）、私大・Ｃさん（女性・シンクタンク内定）、私大・Ｄさん（男性・公務員内定）、私大・Ｅさん（男性・銀行内定）という５人の内定者に協力してもらい、まず自己分析はしたのか、それはどういうアプローチで行ったのか、どう役に立ったのかということから、仲間との情報交換、ＯＢ・ＯＧ訪問、面接時の髪型や服装まで、さまざまな体験談を語ってもらいました。

　ぜひ、みなさんの就活の参考にしてください。

■ 内定者への質問一覧

1　自己分析はどの場面でどう行いましたか。アピールの材料はどこから引き出しましたか。それは、実際に役立ちましたか。

2　面接で意外な質問はありましたか。それはどんな質問で、どう答えましたか。

3　エントリーシートを書くときに注意した点は何ですか。

4　面接でのタブーは何だと思いますか。

5　ＯＢ・ＯＧ訪問はしましたか。そこで何を聞き、何が参考になりましたか。お礼はメールと手紙、どちらにしましたか。

6　仲間で勉強会や模擬面接、情報交換をしましたか。

7　就職活動を振り返って、もっとも大切なことは何でしたか。

8　情報収集はどのように行いましたか。

9　スーツはいくらくらいのものを買いましたか。髪型はどうしましたか。（女子に）パンツですか、スカートですか。化粧やアクセサリーはどうしましたか。

質問 1 自己分析はどの場面でどう行いましたか。 アピールの材料はどこから引き出しましたか。 それは、実際に役立ちましたか。

［Aさん（男性・ゼネコン内定）］

　大学生活で一定期間、継続的に取り組んできたことを振り返った。また、自己分析本などを参考にして、面接でサラリーマンとして活躍できることがアピールできる題材を探した。

　私は、自己分析していくうちに技術立国である日本に貢献したいと思うようになった。それで、メーカーの文系職の中でも「夢を大きな形にできる」ゼネコンにたどり着いた。ゼネコンの文系職は、現場で理系の技術職がやらないことすべてを、納期に追われながら少人数でやる。それは、高校時代に取り組んだ受験勉強と通じるものがあり、向いているのではないかと思ったからだ。

　内定したゼネコンを志望した直接のきっかけは、企業もののテレビ番組だ。ＢＳの再放送で見た「ＮＨＫ特集」やＮＨＫの「プロジェクトＸ」で取り上げられるようなものに関わりたいと思ったから。日本のゼネコンがＯＤＡ（政府開発援助）でカンボジアに橋を造り、それが現地で日本橋と呼ばれて愛され、日本人が感謝されているという話に感動した。また、世界初の技術で瀬戸大橋を造り、海難事故の多い瀬戸内海に道路と鉄道という安全な交通を実現したという話などにも感動した。

　そういう仕事に自分も関わりたいと思った。地震や複雑な地形を乗り越えて、技術革新を続けてきた日本のゼネコン。ここなら、たとえ文系職であっても世界一の技術を育て、国土を守っている、そういうプライドをつねに持ち続けて仕事ができると思ったためだ。

　自己ＰＲは、本による自己分析の性格診断や、友人やいっしょに就職活動している仲間との会話の中で絞り込んだ。自分のまじめさ、地味であがりやすい性格を逆手にとり「誠実さ」を自分史から引き出した。

質問(1)

[Bさん（女性・アナウンサー内定）]

　自己分析は就職活動を始めたころにやった。先輩に勧められ、これまでの人生を書き出して年表のようなものを作った。3年の夏から翌年明けにかけての民放キー局の受験に失敗してその重要性を痛感した。自己アピールは、これまで自分のしてきたこと（留学、国内旅行、釣り、炊き出しボランティアなど）を就職活動専用のノートに書き出してまとめた。競争が厳しい業界はアピールできるものがないとだめだと思う。面接でもエントリーシートでも、つねに自分自身について聞かれる。そこで興味深い人間と思わせることが大切なのではないかと感じた。

　テレビをとくに志望したのは、映像の魅力と可能性、自分の適性を考えたから。同じマスコミでも、新聞には向いていないだろうと思った。

[Cさん（女性・シンクタンク内定）]

　最初はしなくても何とかなると思ったが、あれこれしている間に自己分析は必要だと思うようになった。希望した会社のエントリーシートに「自分の長所、短所」を挙げる項目があったので、提出期限より少し前の2月後半から3月前半の時点で真剣に考えた。学校で行った適性テストの結果を参考にしたり、大学での活動を振り返って、メモにまとめたりした。市販の本も「ほかの学生の実例を知るため」に参考にした。

　エントリーシートには、大学の友だちからのアドバイスを参考に「聞き上手であること」と書いた。だが、面接ではそれについて聞かれたあとに「別のＰＲポイントは?」と聞かれたので、高校時代に皆勤賞をとったことを挙げて「一度決めたことを最後まで続けること」と言った。

　そちらのほうが面接官に好感を持ってもらったようなので、その後の面接や他社の面接で聞かれることがあれば、そちらのほうを答えた。とくに「忙しい仕事にも耐えられますか?」という質問にも対応できたので、役立ったと思う。

[Dさん（男性・公務員内定）]

　「自分はこういう人間だ」と決めてからエピソードを探す方法ではなく、ある経験について、当時どういう考えで行動していたかと思い返しながら「自分はこういう人間なのかな」と見つめていった。

　自己分析本も参考にした。ただし、突き詰めて分析することはせずに、論文や作文を書く練習を通じて、自身の面白いエピソード探しばかりしていた。エピソードが見つかったら、それを話せるのはどんな質問のときかと考えていた。

　大体のアピールは、学生時代に所属していたマーチングバンド部での舞台制作の体験から引き出した。ほかに、お笑いコンテストに１人で出場したことも踏まえ、舞台作りで人を笑わせることが好きだと言った。

　一方、理系なので、テレビで見た科学系のバラエティ番組で気になった点を挙げ、「監修に大学教授がいたとしても、最終的な編集が文系の人だから変になる」と言った。法律系の公務員でも理系であることをそのままアピールしたつもりだ。

　これらの自己アピールは実際に役に立った。とくに理系の話題は、面接官に好印象だったように思う。

阪東's アドバイス

　就職活動での自己分析は、新聞・テレビ・読書・友人との会話など、あらゆる角度から行えます。とくに「自分がどんな人間なのか」ということは、親しい友人から聞くのがいちばんです。

　また、人生に影響を与えたものや人物（歴史上も含めて）も参考になります。自分史年表を書きながら考えておきましょう。４人の例の中では、NHKの番組「プロジェクトX」（BSなどでの再放送のほか、動画配信サービスやDVDでも視聴可能）を見て公共事業やODAでカンボジアに橋を造るゼネコン（大林組）を志望したAさんの例がわかりやすいです。NHKは「サラメシ」で職場紹介を兼ねた昼食の光景を放送しているので、就活で参考になります。ESの記入で悩んだら、自分史年表や性格診断を見返し、ネタを探しましょう。

2 面接で意外な質問はありましたか。 それはどんな質問で、どう答えましたか。

[Aさん（男性・ゼネコン内定）]

「入社したらどういう仕事に携わりたいか」という質問があった。それに対して「NHKスペシャル『東京リボーン』シリーズの第3集（オンデマンドで視聴）で五洋建設のトップ技術者が登場していました。技術者の名前は忘れましたが、海底トンネルに『沈埋工法』という特殊な方法を用いていました。全長134メートルの函をいくつも海底に沈めてから連結して内部の水を抜き、海底トンネルにするもので、そのアイディアにも驚きましたが、首都圏の物流網を麻痺させてはいけないという使命感に胸が熱くなりました。一緒に番組を見ていた父も『これは孫に誇れる仕事』と言っていました。私もそういう仕事に携わりたいです」と答えた。

[Bさん（女性・アナウンサー内定）]

いくつかあったので、実例を挙げる。

～某地方局3次面接～

面接官「英語が得意ということだけど、英語を話せることで優越感のようなものを感じることあるんじゃない？」

B「優越感を感じたことはあまりないです。例えば、外国の方のインタビューなどがTVで放送されている際に、字幕では書かれていない内容がわかったときは得した気分になります。意外とそういうことは多いのでうれしいです」

～同局3次面接～

面接官「来年、流行すると思うものは何ですか？」

B「ずばり東南アジア系の食材店です。私は今、東京の高田馬場駅近くに住んでいますが、あそこはまさに日本であって日本ではない、未

知の世界です。道ですれ違う人はミャンマーやタイなど東南アジアの人が多いですし、日本語表記のない店も少なくありません。日本人がいるとしたら、その3人に1人はエスニック料理店の店員さんです。なかなか他では見られないスパイスなども入手できるので、私は、散策ブームがくると信じています」

[Cさん（女性・シンクタンク内定）]

2つあった。1つは、某社の2次面接で「ウチの○○部は競争が厳しいと言われているが、どう思いますか？」と聞かれた。○○部を希望する、と言っていたのでとくに意外な質問ではなかったが、いざ聞かれると困った。

2つ目はある総研（シンクタンク）の最終面接で「生物多様性とはどんな意味だと思いますか？」と聞かれたことだ。国際環境法ゼミに属しているとエントリーシートに書いておいたから、これも、それほど意外な質問ではないのだが、一瞬「そういえば何だっけ」と思ってしまった。「地域固有の生物が、外来種などに脅かされずに生きていけること」と答えたと思う。厳密な定義とは言えないと思う。

[Dさん（男性・公務員内定）]

いくつかあった。Q&Aで再現してみる。

面接官「見慣れない資格が多いですが、資格マニアですか？」
D「はい、そうですね。例えばビジネス数学検定ですが……（マニアックなので、以下略)」

面接官「今日が最終面接と決まってから、3日間はどうでしたか？」
D「『今、何人残っているのか』『何人ぐらい合格するのか』などと数字ばかり気になり、書店を巡って立ち読みを続けていました」

質問(2)

面接官「『挫折』を味わったエピソードを教えてください」

D「高校の吹奏楽部では部長でしたが、部員の2人の仲が悪くなり、私はできるだけ2人の間を取りもとうと、2人の間を何度も行き来しました。しかし、結局片方を引き止めきれず、退部してしまいました。そのときは、私の頑張りが足りなかったと思いました」

面接官「君は見た目が小柄で、体力がなさそうです。案外キツイ仕事もありますが、それでも頑張れるというエピソードはありますか?」

D「私はマーチングバンドで、1つの舞台のために毎日13時間以上練習をし、それを60日間続けていました。なので、体力に自信はあります」

面接官「今まででいちばん無茶したことって何?」

D「4tトラックを運転しているときに『3t以上進入禁止』という道路標識に気づかず、一方通行の細い路地に入ってしまったことです」

面接官「今、目の前にいる我々(面接官)を動物にたとえると?」

D「失礼ながら、ウマ(40代男性)、イノシシ(40代男性)、ウサギ(30代女性)だと思います(このあと、理由を聞かれることはなかった)」

面接官「クマの出没が北海道から本州、四国まで幅広い地域で起きていますが、自治体や国の対応はどう思いますか」

D「前提として、人命が第一です。そして、駆除のために、地元の猟友会などの活性化がまずは必要だと思います。それには人員を増やすことや、地元住民の協力が不可欠です。また、駆除が目的の場合、いちいち銃猟やわな猟の許可申請を行う必要はないと思います。クマの出没件数の増加が、クマが増えていることによるものか、餌が減っていることによるものか、はっきりしませんが、遠くない将来、総合的な対策も必要だと思います」

阪東's アドバイス

　面接では、意外な質問をされることがよくあります。これも、事前に想定問答集を作るなどの準備をしておくと安心です。

　また、質問によっては「正解」ないし「NGワード」が決まっているので注意しましょう（例えば50ページでも触れたが、尊敬する人を問われて「両親」と答えるのはダメなど）。

質問 3 エントリーシートを書くときに注意した点は何ですか。

[Aさん（男性・ゼネコン内定）]

　題意を外さないことに、まず気をつけた。自己PRの欄なのに志望動機の内容を書いてしまわないようにした。

　あとは、論理的に意味が通っている、正しい文章になっているかどうか。例えば主語に対して述語がきちんと対応しているか、ですます調、である調など語尾が統一されているか、1つの文が長すぎないか、など。

　また、結論を先に書くことにも気をつけた。例えば、学生時代もっとも頑張ったことを通じて、PRしたい能力をひと言で段落の最初に書くなどの工夫をした。ほかには、楷書でていねいに書くことを心がけた。

[Bさん（女性・アナウンサー内定）]

　なるべくきれいな字で書く。わかりやすく書く。強調したい言葉を大きく書いたり、下線を引いたり、ペンの種類を変えたりするなどして工夫をしていた。また、エントリーシートは白黒でコピーされるので、黒で強調するなどの工夫を行った。

【Dさん（男性・公務員内定）】

面接官が気になるようなキーワードを考えて書いた。

まず、資格欄にはふだん見慣れない資格を書いた。志望動機欄では「お笑いコンテストへの出場」など、目につくキーワードや経験から志望動機を展開した。キーワードに下線を引くこともした。論文課題は、多少実現不可能な「政策」でも面白いものを書くようにした。

ひと通り書き上げたら、内定を得ていた先輩たちに、何度も内容の添削をしてもらった。とくに詳しく添削してもらった一般企業は、いずれも最終面接まで進めた。内定者に見てもらうことがとても大切だと感じた。

阪東's アドバイス

Bさんのように、強調したい文字を大きくしたり、太くしたりするのは効果的です。また、Dさんのようにキーワードを目立たせることも有効です。しかし、もっとも大切なのは、Bさんが述べたように「きれいな字で書く」ことです。ポイントが100点満点なら10点は上がります。

阪東's アドバイス

Bさんも述べていますが、面接官からの質問に対して「長時間、沈黙する」のが一番のタブーです。また、面接官の表情を見ずに、エントリーシートの内容にこだわりすぎて長く話すこともいけません。2分以上話して、相手が関心なさそうだと感じたら、話すのをやめて、別の質問を待ちましょう。

質問

4 面接でのタブーは何だと思いますか。

[Aさん（男性・ゼネコン内定）]

　自分の用意してきたものを話しすぎてしまうこと。あとは、自責の念の過剰な強さ、神経質な部分を見せてしまうことだ。

[Bさん（女性・アナウンサー内定）]

　長時間、沈黙することや、エントリーシートの内容にこだわりすぎることだ。また、すぐにばれてしまう嘘をつくこと。知ったかぶり（それを通せる自信があるときはよいと思う）もタブーだ。

[Cさん（女性・シンクタンク内定）]

　私は嘘をつくことだと思う。「わが社と他社のどちらも受かったら、どちらに行きますか」という質問を何度かされたが、第1志望以外のところには「行きます」と言わなかった。人事の人はエントリーシートや面接を見ていれば、学生が志望している会社も何となくわかると思うので、その上で嘘をついたら信用を失うと思う。「行きます」と言わなくても受かった会社があったので、その会社は「嘘をつかなかったこと」を評価してくれたのかもしれないと思った。

　でも、すべてがそんな会社ではないと思うので、何とも言えない。

[Dさん（男性・公務員内定）]

　自己アピールが、独り善がりにならないようにすることだと思う。

　「面白いと思われれば通る」というのは、あながち間違いではないと思う。しかし、それは受験者本人をうまく表現しているかによる。面接で「モノマネ」や「郷土を愛する気持ち」について語った人もいた。しかし、面接官の印象には残っただろうが、次回選考には残っていなかった。

　ただ一方で、面接官の印象にまったく残らないのも論外だと思う。自分が体験した面白いエピソードを交えながら、自分の人間性を出すのがいちばんいいと思う。

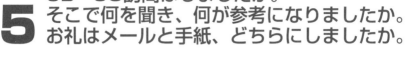

【Aさん（男性・ゼネコン内定）】

　行った。OB訪問は大切だと思う。OBにLINEで写真に撮ったエントリーシートを送って見てもらった。それが参考になった。

　お礼はメールで行った。40歳ぐらいまでのOBは、メールでも大丈夫のようだが、手紙でのお礼の方が効果はあるそうだ。

【Bさん（女性・アナウンサー内定）】

　LINEやインスタグラムで、食品やグルメの話をさせてもらった。具体的にどういう仕事をするか、仕事は楽しいか／満足しているか、自分が就職活動していたときのこと、売り込み方のコツ、なぜその職種を選んだのかなどだ。

　実際に仕事をして、その世界を見ている人の生の意見が聞けたことで、仕事の内容や会社についての具体的なイメージが湧いた。その結果、自分のモチベーションが上がった。お礼は世代が近い人にはメールで、あとは手紙を書いた。

【Cさん（女性・シンクタンク内定）】

　シンクタンクに勤めているあるOGを紹介してもらい、LINEで地方支社時代の話やシンクタンクの研究員になったきっかけ、調査を通じて築いた人脈などについて聞いた。OGの方の先輩や、調査先で出会った人の話を聞いて、研究員の仕事の面白さが印象に残った。訪問のお礼はメールで、内々定の報告は手紙で行った。

[Dさん（男性・公務員内定）]

　自分の学部出身者に公務員の知り合いがいなかったので、大学のOB・OG訪問はしていない。ただし、公務員予備校でお世話になった講師や内定者の方々には引き続きメールでやり取りし、そのあとも個人的に会って話をした。

　いちばんお世話になった人に、地元のお菓子を送ったが、そのときも手紙ではなくメールでお礼をした。友人の知り合いが大阪府庁の役人と聞き、その人に一度だけ話を聞かせてもらった。この人へのお礼もメールだった。

阪東's アドバイス

　OB・OG訪問は必ず行ってください。Dさんのように、自分の学部出身者に知り合いがいなければ、自分の大学のキャリアセンターや他学部・他大の勉強仲間や就職活動支援塾の人からOB・OGを紹介してもらうことです。

　以前は対面での相談が普通でした。今は、オンラインでの相談が増えるとともに、メールやＬＩＮＥで送信したエントリーシートを添削してもらうことも行われています。

　また、だいたい2015年卒以降の会社員はＬＩＮＥの使用に慣れているので、ＬＩＮＥを使っての面談をしたがります。1対1ではＬＩＮＥの電話機能を使い、学生が複数の場合はビデオ機能を使います。時間や場所を問わないので人気です。また、面談の前にエントリーシートをＬＩＮＥでOB・OGに送り、添削までしてもらうケースもあります。

　ただし、忘れてはいけないのはお礼とホウレンソウ（報告・連絡・相談）です。訪問を引き受けてくれたOB・OGには、エントリーシートの通過、筆記試験の通過、面接の通過など、節目節目にお礼と報告をしましょう。手紙や年賀状で感謝の気持ちを伝えるのも有効です。

6 仲間で勉強会や模擬面接、情報交換をしましたか。

[Aさん（男性・ゼネコン内定）]

　ＬＩＮＥやＺｏｏｍを使い、大学の友人と情報交換や勉強会をした。みんなと話し合うことで、自分1人で悩んでいる「孤独感」を解消できたのがよかった。就職活動に不安はつきもので、コロナが下火のときは、たまにみんなで酒を飲み、就職活動以外の話もしたのでストレス解消に意味があった。

[Bさん（女性・アナウンサー内定）]

　ゼミの仲間でＬＩＮＥのグループを作った。参加者が多かったので、そこに書き込まれる面接のリアルタイムの情報はとても役に立ったし、「みんなも頑張っている」と励まされた。

　先に内定を得ていた仲間に面接官の役をやってもらい、模擬面接をした。コロナ禍での外出制限中はＬＩＮＥのビデオ通話を利用して行った。

[Cさん（女性・シンクタンク内定）]

　記者を目ざす学生5人で集まって勉強会を行った。作文を読み合ったり、問題を出し合ったり、現役の研究員に相談しに行ったりした。面接試験についての情報交換も行った。

[Dさん（男性・公務員内定）]

　自分の大学には就活仲間がいなかったので、勉強会・模擬面接・情報交換はできなかった。役所主催の説明会などにも参加したが、役には立たなかったので、就職活動の途中で公務員予備校に入って情報交換をした。

阪東's アドバイス

　仲間で勉強会や模擬面接、情報交換を行うのは当然として、Bさんの例のように、ゼミや就職活動支援塾などの仲間で「LINEのグループ」を作っておくとよいでしょう。それに回ってくる、面接のリアルタイムな情報は貴重なものとなります。

※私が主宰する塾では、登録した塾生内だけで情報交換をするため、「LINEのグループ」を利用しています。

質問

7 就職活動を振り返って、もっとも大切なことは何でしたか。

[Aさん（男性・ゼネコン内定）]

　自己分析をすることだ。本を読み、自分の適性をまず考える。友人とお互いの「適性」を診断し合ったりする。その上で、多くの会社にエントリーして、説明会への参加やOB・OG訪問をして、心から行きたいと思える会社を見つけることだ。

[Bさん（女性・アナウンサー内定）]

　自分に自信をもってアピールすること。面接官に、何か１つでもいいので、イメージを植えつける。私はアジ釣りを押していったので「アジ釣りの子」という風に覚えてもらえた。面接の中で、ユーモアを取り入れることも大切だと思う。

[Cさん（女性・シンクタンク内定）]

　周りの人たちの助けだ。大学のOB・OGや友だち、先生のサポートがなければまったく違う結果になったと思う。最初は誰にも頼らずにやろうと思っていたが、そうしていたら、これだけたくさんの人と知り合えなかったと思う。

[Dさん（男性・公務員内定）]

　先輩や就活仲間だ。1人で活動していたら内定にはたどり着かなかったと思う。1人、地元で就職活動をしていたときは、自分のしていることが勉強になっているのかどうかまったくわからず、ただ闇雲にやっていた。

　さすがに1人だけでの就職活動に限界を感じたため、就職活動の途中で公務員予備校に入った。授業や合宿で直接指導してもらい、そこでようやく、先輩や仲間との交流をもてた。多くの相談ができたことがよかったと思う。

　ただし、あくまでもしっかりとした自己分析の上で、相談を繰り返すことが大事だと思う。何でもすぐに相談し、論文添削してもらったとおりにしていれば大丈夫というような感覚にならないように気をつけた。

阪東's アドバイス

　質問6ともつながりますが、Dさんの話にあるように、自分だけで就職活動を行わないことです。先輩や仲間はとても大切です。就職活動支援塾などは、費用はかかりますが、地方の学生向けに合宿や集中講座を用意しており、多くの相談ができるなどの利点があります。

　また、学部によっては、周りと「志望」が違うことがあるので、そういう場合は、積極的に同じ志望の仲間を探しましょう。

阪東's アドバイス

　Cさんのように、移動中でも説明会の情報をチェックして（仲間と共有し）、日程が発表されたらすぐに予約を入れるなど、スマートフォンは就職活動の必需品です。

　また、上場企業を志望する場合は、Eさんのように企業のHPのほかに「有価証券報告書」や『会社四季報』『就職四季報』も参考にしてください。非上場企業用の『会社四季報未上場会社版』もあります。

質問 8 情報収集はどのように行いましたか。

[Bさん（女性・アナウンサー内定）]

　会社説明会は数社に参加した。インターネットで新卒採用をしている放送局を調べた。あとはもっぱらOB・OG訪問で情報収集をした。1、2年上の年齢の近い先輩の話がやはり就職活動にいちばん役立った。

[Cさん（女性・シンクタンク内定）]

　スマホを使って会社説明会や学校主催の説明会、就職サイト主催の説明会の有無をチェックし、日程が発表されたらすぐに予約を入れた。リクナビ、マイナビに登録したが、志望先が決まったので、3月ごろからほとんどログインしてチェックすることはなくなった。自宅のパソコンはインターネット接続を元々してあったので、インフラ面での心配はなかった。

[Dさん（男性・公務員内定）]

　「今、何人残っているか」などの情報は、面接のたびにブースの数と1人当たりの時間から計算した。説明会は参加したが、役に立たなかった。

　元々タブレット端末は持っていたので、インフラは十分だった。就職サイトのマイナビに登録したが、これは念のため「第1志望の滑り止め」として受験する、一般企業への就職用だ。

[Eさん（男性・銀行内定）]

　企業にとって「学生の成績表」に当たる「有価証券報告書」というものがあり、それを参考にした。東京などの証券取引所に上場している企業には業績を報告する義務があるので、確実な情報だ。また、東洋経済新報社が『就職四季報 女子版』など、学生向けにやさしいものを出しているので、それも活用した（男の自分にも役立った）。ここ何年かの売上、利益を同業他社と比べられるので便利だ。

質問 9
スーツはいくらくらいのものを買いましたか。
髪型はどうしましたか。
(女子に) パンツですか、スカートですか。
化粧やアクセサリーはどうしましたか。

[Aさん（男性・ゼネコン内定）]

　「洋服の青山」で2着で計2万円の黒っぽいスーツを買った。髪型は、眉毛や耳にかからないように短くした。長髪や茶髪の学生は、まったくいなかった。

[Bさん（女性・アナウンサー内定）]

　「パーフェクトスーツファクトリー」で、黒のパンツスーツを1着2万円で買った。髪型は、第一印象をさわやかにしようと思い、ショートカットにした。茶髪っぽい学生は、1次面接などでは見ることもあったが、選考が進むにつれていなくなった。ただし、アナウンサーの試験は、ほとんど全員が茶髪だった。

　私はパンツで通した。化粧はいつもどおり薄め。アクセサリーは一切つけず、シャツの色を白、水色、ストライプ、黄緑などと変えて工夫した。

[Cさん（女性・シンクタンク内定）]

　新宿の伊勢丹で、就職活動用に2万5千円くらいのスーツを買った。髪型はパーマをかけていた部分を切って、短くした。面接で茶髪っぽい女の子を見かけたが、自然だったので地毛かもしれない。

　面接は一度パンツで行ったが、あとはスカートで行った。化粧品はふだん使っているものを使用した。また、アクセサリーは一切身につけなかった。

[Dさん（男性・公務員内定）]

　スーツは、成人式用に紳士服店で買った黒スーツをずっと使っていた。4年前に買った物で値段は5万円前後だった。私の髪型は、刈り上げなしの短髪で、整髪料はつけなかった。周りに茶髪の学生はほとんど見かけなかった。

　ある官庁で「今年はおとなしい方が多いのか、全員ちゃんと黒髪で、周りを気にしていつもよりおとなしくしているようだが、もっと自分らしい髪型にしてもかまわない」という説明が入るほど、みんな黒髪・黒スーツだった。

阪東's アドバイス

　男性はAさんのように、紳士服の量販店で2着で2万円程度の安いスーツを買っておきましょう。色は黒かグレーが無難です。

　女性はCさんのように、デパートで販売されている就職活動用のスーツを用意しましょう。

　面接のレベルが高くなった場合（役員面接など）は、清潔な見た目を心がけている人に「好印象」を持たれることが多いのが現実です。自分の子どものパートナーにしたいタイプが好まれる場合もあるようです。しかし、営業など職種によっては、髪は黒で短め、というのも成功パターンの1つです。キリッとした一面を見せることで有利になることもあるからです。

　また、Bさんのように、シャツの色を白、水色、ストライプなどと変える工夫をするのもよいでしょう。

夏 季

第1回	アテネ大会	（1896年4月6日〜15日　ギリシャ）
第2回	パリ大会	（1900年5月20日〜10月28日　フランス）
第3回	セントルイス大会	（1904年7月1日〜11月23日　アメリカ）
第4回	ロンドン大会	（1908年4月27日〜10月31日　イギリス）
第5回	ストックホルム大会	（1912年5月5日〜7月27日　スウェーデン）
第6回	ベルリン大会	（1916年※未開催　ドイツ）
第7回	アントワープ大会	（1920年4月20日〜9月12日　ベルギー）
第8回	パリ大会	（1924年5月4日〜7月27日　フランス）
第9回	アムステルダム大会	（1928年5月17日〜8月12日　オランダ）
第10回	ロサンゼルス大会	（1932年7月30日〜8月14日　アメリカ）
第11回	ベルリン大会	（1936年8月1日〜16日　ドイツ）
第12回	東京大会	（1940年※未開催　日本）
第13回	ロンドン大会	（1944年※未開催　イギリス）
第14回	ロンドン大会	（1948年7月29日〜8月14日　イギリス）
第15回	ヘルシンキ大会	（1952年7月19日〜8月3日　フィンランド）
第16回	メルボルン大会	（1956年11月22日〜12月8日　オーストラリア）
第17回	ローマ大会	（1960年8月25日〜9月11日　イタリア）
第18回	東京大会	（1964年10月10日〜24日　日本）
第19回	メキシコシティー大会	（1968年10月12日〜27日　メキシコ）
第20回	ミュンヘン大会	（1972年8月26日〜9月11日　西ドイツ）
第21回	モントリオール大会	（1976年7月17日〜8月1日　カナダ）
第22回	モスクワ大会	（1980年7月19日〜8月3日　ソビエト連邦）
第23回	ロサンゼルス大会	（1984年7月28日〜8月12日　アメリカ）
第24回	ソウル大会	（1988年9月17日〜10月2日　韓国）
第25回	バルセロナ大会	（1992年7月25日〜8月9日　スペイン）
第26回	アトランタ大会	（1996年7月19日〜8月4日　アメリカ）
第27回	シドニー大会	（2000年9月15日〜10月1日　オーストラリア）
第28回	アテネ大会	（2004年8月13日〜29日　ギリシャ）
第29回	北京大会	（2008年8月8日〜24日　中国）
第30回	ロンドン大会	（2012年7月27日〜8月12日　イギリス）
第31回	リオデジャネイロ大会	（2016年8月5日〜8月21日　ブラジル）
第32回	東京大会	（2021年7月23日〜8月8日　日本）
第33回	パリ大会	（2024年7月26日〜8月11日　フランス）予定
第34回	ロサンゼルス大会	（2028年7月21日〜8月6日　アメリカ）予定
第35回	ブリスベン大会	（2032年7月23日〜8月8日　オーストラリア）予定

冬 季

第1回	シャモニー・モンブラン大会	（1924年1月25日〜2月5日　フランス）
第2回	サンモリッツ大会	（1928年2月11日〜19日　スイス）
第3回	レークプラシッド大会	（1932年2月4日〜15日　アメリカ）
第4回	ガルミッシュ・パルテンキルヘン大会	（1936年2月6日〜16日　ドイツ）
第5回	サンモリッツ大会	（1948年1月30日〜2月8日　スイス）
第6回	オスロ大会	（1952年2月14日〜25日　ノルウェー）
第7回	コルティナ・ダンペッツォ大会	（1956年1月26日〜2月5日　イタリア）
第8回	スコーバレー大会	（1960年2月18日〜28日　アメリカ）
第9回	インスブルック大会	（1964年1月29日〜2月9日　オーストリア）
第10回	グルノーブル大会	（1968年2月6日〜18日　フランス）
第11回	札幌大会	（1972年2月3日〜13日　日本）
第12回	インスブルック大会	（1976年2月4日〜15日　オーストリア）
第13回	レークプラシッド大会	（1980年2月13日〜24日　アメリカ）
第14回	サラエボ大会	（1984年2月8日〜19日　ユーゴスラビア）
第15回	カルガリー大会	（1988年2月13日〜28日　カナダ）
第16回	アルベールビル大会	（1992年2月8日〜23日　フランス）
第17回	リレハンメル大会	（1994年2月12日〜27日　ノルウェー）
第18回	長野大会	（1998年2月7日〜22日　日本）
第19回	ソルトレークシティ大会	（2002年2月8日〜24日　アメリカ）
第20回	トリノ大会	（2006年2月10日〜26日　イタリア）
第21回	バンクーバー大会	（2010年2月12日〜28日　カナダ）
第22回	ソチ大会	（2014年2月7日〜23日　ロシア）
第23回	平昌大会	（2018年2月9日〜25日　韓国）
第24回	北京大会	（2022年2月4日〜20日　中国）
第25回	ミラノ／コルティナ・ダンペッツォ大会	（2026年2月6日〜2月22日　イタリア）予定

　●すべてを暗記する必要はないが、最近の大会は一般常識として問われることがあるので覚えておこう。

業界研究──
あの業界・職種は、
こんな人に向いている

　本章では「自分が日ごろ愛用している、または関心の
ある商品・サービスから」「倒産や合併、業務のきつさ
などのリスク面から」志望先を絞り込んでいく方法を紹
介します。
　「日ごろの関心」は自分史から、「自分の適性と業務に
必要な適性との照合」は性格診断から探るので、ここで
もしっかりと自己分析をしておくことが前提です。

関心のある商品やサービスから、
または仕事のリスク面から見てみよう

日ごろ愛用している商品やサービスから志望業界・職種を絞り込む

　自分史を書いていくと、かつて子どものころになりたかった職業を思い出すはずです。大人になった今のみなさんの志望とはもちろん違います。

　やりたい仕事がはっきりとしていない場合は、関心のある、または日ごろ愛用しているグッズ（商品）やサービスから絞り込むことも1つの方法です。

　商品から企業を知るのは簡単です。手に取れば、メーカーの名前が書いてあります。サービスのほうが少し「わかりにくい」と思います。

　新聞の株式欄を見てください。最初はホクト、サカタのタネ、住友林業などの「第1次産業」です。それから建設、繊維、化学などが続き、あとのほうに小売、銀行、証券、不動産、運輸・倉庫、情報通信、電力・ガスとあり、最後がサービスです。これは「証券コード」という、証券取引所が決めた番号の若い順番に並べてあります。東洋経済新報社の『会社四季報』もこの順番に並べてあります。

上場企業であれば『会社四季報』などで情報を得る

　簡単に説明すると、小学校の社会科で習った、農林水産などの「第1次産業」、物を作る「第2次産業」、物やサービスを売る「第3次産業」の順番です。

　中には、繊維メーカーから化学メーカーに「変身」した旭化成のような企業もあります。また、ヤンマーやサントリー、竹中工務店、YKKといった、**オーナー会社などの中には証券取引所に上場していない(非上場)企業もあります。外資の経営状態はOB・OG訪問や新聞記事などで確認しておいてください。**JTBやロッテ、朝日新聞社、読売新聞社、講談社、新潮社など、有名でも非上場の企業は多くありますが、非上場企業は『会社四季報』では調べられません。企業のHPなどから情報を得るようにしましょう。『会社四季報　未上場会社版』に掲載されていれば情報が得られます。

　本書では、第3次産業の小売、銀行以降は、わかりやすく「サービス」と分類します。例えば「情報通信」といえば、NTTドコモやKDDIなどの通信会社、アマゾンや楽天グループ、ヤフーなどのIT企業などが挙げられます。

■ 業界研究で志望業界・職種を絞り込む

関心のある商品・サービスからのアプローチ

自動車・電気製品・玩具・文具・食品・飲料・菓子・化粧品・アパレル・ブランド品・外国製品など
※職種からのアプローチも

商品・サービスから企業名を知り、情報収集

上場企業：企業のHPや『会社四季報』などから

非上場企業：企業のHPなどから

リスク面からのアプローチ

倒産・合併・ノルマ・社風・勤務地・収入・福利厚生など

業種・職種・企業それぞれのメリットおよびリスクを考える

※リスクについては151ページの表を参照

自分は何をしたいのか、自分なら何ができるのか

何を求めるか、どの程度のリスクなら許容できるのか

自己分析

● **自分史年表** なりたかった職業・思い入れのある商品やサービスなどを探る

● **性格診断** 自分の適性を知る

OB・OG訪問も行うこと

志望先を絞り込んでいく

※自己分析ですでに志望先を決めた人も、業界研究は必ず行うこと。「一流企業だが社風が合わない」「こちらのほうが向いている」などが出てくることもある

東京ディズニーランド（運営会社は、株式会社オリエンタルランド〈略称・ＯＬＣ〉）や東京ドームなどのレジャー施設も「サービス」のくくりに入ります。

ＪＴＢ（非上場）やＨＩＳなどの旅行代理店もそうです。セコムなど警備関係の会社もこのくくりです。簡単に言うと「目に見えないもの」と言えるでしょう。

電車は、例えば新幹線の車両は、日本車輌製造などが造っていますが、走らせているのはＪＲです。そのＪＲも含めた鉄道・バスや宅急便で有名なヤマト運輸は陸運、コンテナ船やフェリー、クルーズなどは海運、ＪＡＬやＡＮＡは空運で、陸海空合わせて「運輸業」ですが、本書でのくくりは「サービス」とします。

物を作って売るのは「メーカー」、それを活用するのが「サービス」

鉄道車両、船舶、飛行機を造るのはメーカーです。飛行機も、エンジンや機体の製作技術は日本が持っており、アメリカのボーイング社のジェット機・ボーイングには、三菱重工などの日本製品が用いられています。

また、ボーイングの翼の炭素繊維は東レによって開発され、大幅な軽量化を実現しました。東レの技術はメルセデス・ベンツを製造するダイムラー社にも提供され、自動車部品にも応用されています。

加えて現在では、国産ジェット機の開発が進んでいます。その中ではＨｏｎｄａＪｅｔがアメリカで最初に販売を開始、2022年には世界で約200機が運用されています。１機14〜15億円する最新機の発売も発表されています。

商品を作って売るのは「メーカー」です。それを活用するのが「サービス」です。「サービス」はもちろん、「メーカー」でも、営業や商品開発など、文系の人向きの仕事はあります。「メーカー」の総務・人事・経理・財務などの管理部門も文系の職場といえます。

自分史を書く中から夢を見つけることができれば、それを活かすのが最善です。 女性に人気がある業界は、アパレル・お菓子・食品・文具・玩具・キャラクターグッズなどのメーカーや、インターネットを使った通販サービスです。実は、よく話題になる「駅ナカ」はＪＲ東日本の女性社員のアイディアによるものです。ＪＲをはじめとする鉄道会社は、いわゆる「鉄ちゃん」（鉄道ファン）だけが関心があるのではありません。例えば、車内や駅の広告（ポスターなど）は、ＪＲ東日本で言うと「ジェイアール東日本企画」という関連の広告代理店がその多くを手がけています。

■ 株式欄（東証第1部）の分類 ［日経新聞などを参考に作成］

第1次産業	
水産・農林	極洋、マルハニチロ、ニッスイ　など
鉱　　業 ※1	住石ホールディングス、日鉄鉱業　など

第2次産業 ※2	
建　　設	安藤・間、東急建設、コムシスホールディングス　など
食　　品	ニップン、日清製粉グループ本社、日東富士製粉　など
繊　　維	片倉工業、グンゼ、ワコールホールディングス　など
パルプ・紙	特種東海製紙、王子ホールディングス、三菱製紙　など
化学工業	旭化成、片倉コープアグリ、クラレ　など
医薬品	協和キリン、武田薬品工業、アステラス製薬　など
石油・石炭製品	出光興産、コスモエネルギーホールディングス　など
ゴム製品	横浜ゴム、TOYO TIRE、ブリヂストン　など
ガラス・土石製品	日東紡績、AGC、日本板硝子　など
鉄　　鋼	日本製鉄、JFEホールディングス、神戸製鋼所　など
非鉄金属	日本軽金属ホールディングス、三井金属鉱業　など
金属製品	稲葉製作所、宮地エンジニアリンググループ　など
機　　械	小松製作所、芝浦機械、日本製鋼所　など
電気機器	イビデン、ウシオ電機、ソニーグループ、日立製作所　など
輸送用機器	アイシン、今仙電機製作所、日本車輌製造　など
精密機器	テルモ、日機装、島津製作所　など
その他製品	バンダイナムコホールディングス　など

第3次産業 ※3	
商　　社	伊藤忠商事、住友商事、丸紅、三井物産、三菱商事　など
銀　　行	ゆうちょ銀行、りそなホールディングス　など
不 動 産	住友不動産、野村不動産ホールディングス　など
陸　　運	鴻池運輸、福山通運、ヤマトホールディングス　など
海　　運	日本郵船、商船三井、川崎汽船　など
空　　運	ANAホールディングス、日本航空、パスコ　など
倉庫・運輸関連	日新、三菱倉庫、三井倉庫ホールディングス　など
情報・通信	KDDI、TBSホールディングス　など
電力・ガス	東京電力ホールディングス、中部電力、大阪瓦斯　など
サービス業	ぐるなび、LIFULL　など

※1　「第2次産業」に分類されることもある

※2　本書では「メーカー」と分類する

※3　本書では「サービス」と分類する

このように「商品」から自己分析にフィードバックすることも、1つの方法です。**ただし、会社が大きくなればなるほど**、本社以外の支店や工場などが地方にあり、**地方勤務という、ライフスタイルに大きく影響する「要因」があることも頭に入れておいてください。**

また、メーカーなどでは営業・販売・生産管理・企画などの部門から、人事・総務・法務・財務・経理・広報・宣伝まで多岐にわたっています（右ページ参照）。とくに経理・財務は簿記の知識が必要であり、法務は法律の知識が不可欠です。最近では相次ぐ不祥事の発覚から「法令順守」（コンプライアンス）が求められており、注目される部門です。

このように、企業を軸に研究するのではなく、職種を軸に行う方法もあります。

どういう「メーカー」「サービス」があるのか、その内容や調べ方

①「自動車メーカー」は、業界世界一を競うトヨタが絶対いいわけではない

自動車のメーカーは、デンソーなどの部品メーカーと、車のデザインや構造を決めて数万点もの部品を発注して組み立てる、完成品メーカーとに分かれます。トヨタは2012年から2015年までグループ全体で自動車の世界販売台数1位でした。2018年度決算で売上は30兆円を超えるも独・フォルクスワーゲン社に首位を奪われましたが、2020年から4年連続して世界1位になっています。しかし、車の好みは千差万別で「社風」も違います。もちろん、給与はトヨタが高いのですが、その分、仕事はきついようです。国内ではホンダやスズキなど2位以降のメーカーのほうが、社風は自由です。

技術部門はもちろん、営業・宣伝・販売会社（ディーラー）担当から総務・財務・人事・広報などの管理部門も多く募集しています。日本の自動車完成品メーカーは、世界を相手に販売しているために景気の影響を受けます。ブランドで選ぶか、個性で選ぶか、どの業務を選ぶかは、しっかりと自己分析をして決めましょう。「一般社団法人 日本自動車工業会」のホームページを見れば、業界の順位や人気車種がわかります。また、大体は上場企業なので、詳しくは『会社四季報』で調べてみましょう。

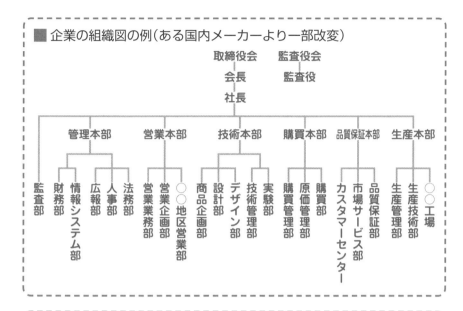

■ 企業の組織図の例（ある国内メーカーより一部改変）

■ 日本の自動車メーカーなど（日本自動車工業会より）

いすゞ自動車株式会社	バン、マイクロバス、バス、トラックなど
川崎重工業株式会社	自動二輪車、四輪バギー、航空機、ヘリコプター、鉄道車両、船舶など
スズキ株式会社	軽自動車、乗用車、自動二輪車、船外機など
ダイハツ工業株式会社	軽自動車、乗用車など
トヨタ自動車株式会社	乗用車など
日産自動車株式会社	軽自動車、乗用車、ワゴン、バン、マイクロバス、トラックなど
UDトラックス株式会社	トラックなど
日野自動車株式会社	バス、トラックなど
株式会社SUBARU	軽自動車、乗用車、ワゴン、バンなど
本田技研工業株式会社	乗用車、自動二輪車、ジェット機、ロボットなど
マツダ株式会社	軽自動車、乗用車、ワゴン、バン、トラックなど
三菱自動車工業株式会社	軽自動車、乗用車、バンなど
三菱ふそうトラック・バス株式会社	バス、トラック、産業エンジンなど
ヤマハ発動機株式会社	自動二輪車、ボート、ヨット、漁船、和船など
ゼネラルモーターズ・ジャパン株式会社	乗用車など

②ビデオカメラ・DVD・LEDなど「電気機器」は日本が世界に誇れる分野

　日本が世界に誇れるものの1つに、電気機器があります。古くはビクターなどのＶＨＳがベータを負かして、世界標準規格になったことは有名です。ブルーレイ・ディスクもソニーが最初に開発しました。現在のブランドではソニーやパナソニックが世界的に有名です。日立製作所や三菱電機などは総合電機メーカーと呼ばれ、製品は家電を含めて多岐にわたります。ＬＥＤも日本が開発に成功したといえるでしょう。ただし、現在は、東芝が上場廃止になるなど、苦境に立たされています。**自分がどんな製品の仕事に携わりたいか。そこから改めて自己分析をしてみましょう。**製品によって「市場占有率」（シェア）は違います。詳しくは「一般社団法人 日本電機工業会」のホームページで調べてください。

③「玩具（おもちゃ）・文具」の製品開発部門は女性の人気職種

　ふつうのおもちゃでは、バンダイナムコホールディングスやタカラトミーなどが有名です。これらの企業の企画部門（製品開発部門）は女性の人気職種です。

　自分史年表を見直すと、幼いころにパズルなどで遊んでいた記述があるかもしれません。それらは、乳幼児用の「知育玩具」です。興味のある人はどの会社がどんな製品を作っているか、調べてみましょう。

　コンピュータゲームで言うと、任天堂の「Nintendo Switch」、ソニーの関連企業のＳＩＥ（ソニー・インタラクティブエンタテインメント）の「ＰＳ５」などがありますが、これらはおもちゃというより、電気製品に近くなります。業務用ゲーム機器ではセガサミーホールディングスが有名です。

　これらの企業にも企画部門があります。かつては、ふつうのおもちゃに比べると、女性のユーザーは少なかったのですが、現在では、ソフト・ハードともに女性ユーザーの影響力が非常に高くなっています。したがって、女性の企画部門への参加は、今後さらに増えていくでしょう。

　文具メーカーも女性の人気が高い業界です。ボールペンなどの筆記用具をはじめ、子どものころから親しんできた人も多いはず。三菱鉛筆やパイロットが業界大手ですが、身近な存在です。やはり企画部門に女性の人気が集まります。事務機器のコクヨも、オフィス用品などのシェアが高いメーカーです。

　※「電気機器」「玩具」「文具」いずれも、右ページに挙げた企業はあくまでも一部。上場企業については『会社四季報』や『就職四季報』で、非上場企業についてはインターネットで製品から絞り込んでいくか『就職四季報』を参考に情報収集を行う。ＯＢ・ＯＧ訪問で「生」の声を聞くのもよい。また、企業のホームページには、採用情報も掲載されていることが多いのでチェックしよう

■ 主な電気機器メーカー

アルプスアルパイン：通信機器・電子部品など	横河電機：生産制御機器など
キヤノン：カメラ・OA機器など	ウシオ電機：産業用特殊光源装置など
小糸製作所：自動車照明器・航空機部品など	京セラ：OA機器・電子部品など
JVCケンウッド：音響映像機器・通信機器など	山洋電気：冷却ファン・サーボモーターなど
セイコーエプソン：情報関連機器・精密機器など	ソニー：音響映像機器など
ダイキン工業：空調機器など（海外で強い）	TDK：産業用電子部品など
東芝：産業用機器など	日本電気(NEC)：通信機器など
パイオニア：カーナビなどの車載機器	富士通：PC・通信機器など
日立製作所：家電製品・PC・鉄道車両製造など	三菱電機：家電製品・産業用機器など
パナソニック：家電製品・産業用機器など	リコー：OA機器・デジタルカメラなど

■ 主な玩具メーカー

青島文化教材社：プラモデルなど	アガツマ：「ピノチオ」ブランドの知育玩具など
石川玩具：知育玩具・カプセルトイなど	ブレックス：キャラクター玩具など
エポック社：野球盤などの玩具・雑貨など	オオイケ：人形・キャラクターグッズなど
カワダ：「ダイヤブロック」・知育玩具など	コナミ：ゲーム・カード・キャラクター玩具など
シー・シー・ピー：ラジコン・家電製品など	セガトイズ：「ホームスター」「ムシキング」など
セキグチ：「モンチッチ」・ぬいぐるみなど	タカラトミー：キャラクター玩具など
タミヤ：プラモデル・ラジコンなど	任天堂：家庭用ゲーム機・テーブルゲームなど
ハナヤマ：ボードゲーム・ビンゴ・パズルなど	バンダイナムコ：プラモデル・キャラクター玩具など
ピープル：乳幼児用玩具など	ビバリー：パズル・ボードゲームなど
増田屋コーポレーション：ラジコンなど	マテル・インターナショナル：「バービー」など

■ 主な文具メーカー（事務機器やPC周辺機器・用品を除く）

日本ノート：ノート・日記帳・伝票類など	ウォーターマン：筆記具・万年筆など
オート：筆記具・「ガチャック」・事務用小物など	オルファ：事務用カッター・手芸用カッターなど
呉竹：書道用具・ペン・水彩スケッチ用品など	コレクト：バインダー・ルーズリーフなど
サクラクレパス：クレパス・水彩絵具など	ステッドラー日本：筆記具・製図用品など
セーラー万年筆：万年筆・システム手帳など	トンボ鉛筆：鉛筆・ペンなど
ナカバヤシ：アルバム・事務用品・ノートなど	日本能率協会マネジメントセンター：手帳など
不易糊工業：接着剤・墨汁など	ぺんてる：ボールペン・ペン・テープのりなど
マックス：「ホッチキス」・パンチなど	マルマン：ルーズリーフ・システム手帳など
ヤマト：接着剤・テープ・修正テープ・付箋など	山櫻：名刺・カード・封筒・領収証・賞状など
ライフ：手帳・住所録・原稿用紙・便箋など	リヒトラブ：ファイル・バインダー・ノートなど

④「食品・飲料・お菓子メーカー」の企画部門は、難関の人気職種

　これもなじみがあり、人気の高い業界です。したがって、安易に選びがちですが、自分史から、関心が高いのか低いのか、その執着度を探りたいものです。

　アイスクリームなら、明治や森永乳業などがあります。大手ではありませんがハーゲンダッツ ジャパンも高級ブランドです。

　食品・飲料・お菓子は値段が安いので、さまざまなメーカーの製品（商品）を購入して、比較・検討してもいいですし、インターネットでどんな企業があるか調べるのもよいでしょう。

　例えば、カレー料理が好きならハウス食品を調べてみるとか、レトルト食品のカレーなら大塚食品などがあります。「冷凍食品」も数分間、電子レンジで「チン」するだけで食べられる便利さが受けています。ＪＴ系の食品会社テーブルマークが出した、レンジで「ゆでる」そばがヒットするなど、今では料理に「ガス器具」などを使わない独身者や共働き家庭なども珍しくはなく、**冷凍食品・弁当・スーパーの総菜を買って家で食べる「中食」**（外食でもなく、家庭で調理もしない食品という意味）**が増えています**。また「内食」（家庭で調理する食事）でも、手間のかからないお茶漬けの素やふりかけ、卵かけごはん用の調味料などは人気があります。これらは、**景気やライフスタイルの変化で伸びつつあります**。

　若者のアルコール離れから、酒類は「ハイボール」や「焼酎」などを除いて成長が見込めないため、キリンやアサヒ、サントリーなどのビールメーカーがソフトドリンク業界に参入して、元々の飲料メーカーである日本コカ・コーラや伊藤園、ポッカサッポロ、ダイドーなどと競っています。また、ノンアルコール・ビールも伸びています。味の素ＡＧＦやキユーピー、カゴメ、ミツカンなどの食品メーカーは、景気に影響されないので人気となっています。食品メーカーではありませんが、ライフスタイル（生活）用品のユニ・チャームや花王、Ｐ＆Ｇなども同様の理由で人気があります。また、飲料メーカーやユニ・チャームなどは積極的に海外へ進出しています。

　メーカーではなく商品から、何がやりたいのか、どんな開発に携わりたいのかを自己分析から探ってみることが大切です。

　　　　※食品・菓子の範疇は非常に広い。好きな商品を探す足掛かりになればと思い、右のように分類してみた。下段の飲料メーカーも、ここに挙げた企業はほんの一部である。好きな商品を書き出し、そこから志望を探っていこう

■「食品」の範疇はこんなにも広い!!

食品（飲料を除く）とは

● 生鮮食品：青果・精肉・鮮魚など新鮮さが求められる食品

植物性食品（穀類・芋類・豆類・野菜類・果実類・きのこ類・海藻類・種実類）

動物性食品（肉類・卵類・魚介類・乳類）

● 加工食品：天然の食品を加工したもの

加工肉（ハム・ソーセージ・ベーコン・コンビーフなど）

魚介練り製品（ちくわ・かまぼこ・はんぺんなど）

缶詰（肉類・魚介類・果実類など）

漬物（野菜類・肉類・魚介類など）

でん粉（穀類・芋類など）

乾物（魚介類・海藻類など）

インスタント食品（即席めん類・味噌汁など）

冷凍食品（調理済み料理・シーフードミックス・ミックスベジタブルなど）

レトルト食品（カレー・パスタソース・煮物など）

● 調味料・香辛料・し好品

油脂類（サラダ油・マーガリン・バター・ラードなど）

調味料（砂糖・食塩・酢・醤油・味噌など）

香辛料（コショウ・トウガラシ・ワサビ・カレー粉など）

菓子類（生菓子・半生菓子・干菓子・焼菓子・氷菓子など）

■ 主な飲料メーカー（酒類も含む）

あ	アサヒ飲料　アサヒビール　味の素ＡＧＦ　伊藤園 えひめ飲料（ポンジュース）　エルビー　大塚食品　オハヨー乳業
か	カゴメ　カルピス　神田食品研究所　キーコーヒー　菊正宗酒造　黄桜　協同乳業 キリンビバレッジ　月桂冠　剣菱酒造　小岩井乳業
さ	サッポロビール　沢の鶴　サントリー　サントリーフーズ スジャータめいらくグループ
た	ダイドードリンコ　高梨乳業　宝酒造　チェリオコーポレーション　富永貿易
な	ナガノトマト　ニッカウヰスキー　日清ヨーク　日本コカ・コーラ　日本盛 日本サンガリアベバレッジカンパニー　ネスレ日本
は	ハウス食品　白鶴酒造　ブルボン　ポッカサッポロフード＆ビバレッジ
ま	三田飲料　明治　メルシャン　森永乳業
や	ヤクルト本社　ＵＣＣ上島珈琲　雪印メグミルク

⑤「化粧品・アパレル(衣服)・ブランド品」は自分の好みで

これらは、デパートや専門店で扱っています。自分は何が好きなのか？　また、それを仕事にしたいのか、などを探るため、ここでも自己分析が重要になります。

企画部門と営業部門の違いもあります。**会社が大きければ大きいほど「安定」はしますが、一方で自分の「ライバル」も多くなります。**企画部門や広報宣伝部門などの人気職種に配属されるには時間がかかる場合もあります。

また、大手の日本ブランド、例えば資生堂などは、アジアなどへ積極的に進出しています。当然、**英語以外にもスペイン語・中国語・韓国語・アジア各国の言葉などの語学力も必要になる場合があります。**海外ブランドの日本法人（外資系企業）も上司が外国人なので、語学力が必要になります。

デパートに入り、バイヤーとして「仕入れ」を任されている女性も多くいます。ブランド品というと女性だけが対象のようですが、高級時計・ネクタイ・スーツ・コートなどのブランド品には男性客も多くいます。

⑥「外国製品(貿易、商社)」に必要なのは語学より営業や調整の能力

外国製品の輸入や日本製品の輸出をするのが総合商社や専門商社です。また、洋書の「丸善」（書店）、ハーレーダビッドソン　ジャパン（米国製のオートバイ）は商社を経由しないで直接輸入します。「外車」もその場合があります。会社によって得意不得意がはっきりしています。

商社は海外出張も多いです。三菱商事などでは、自衛隊の海外派遣時に物資の手配をするような業務も行い、運送会社（イラク派遣のときは、関係の深い日本通運だった）との調整なども行いました。

また、日本とは直接関係のない、3国間貿易（例えば、アフリカのゴムを韓国のメーカーに売る）なども行っています。そこでは、語学だけでなく高度なノウハウが要求されるので「語学が得意＝貿易」で志望業界を決めるのは安易な考え方です。**OB・OG訪問をして、どういう商品を扱っているのかなどの実情を聞き、そこから自己分析に戻って考え直すことも大事です。**もちろん、売上のノルマもあり、精神的なタフさも求められます。

※好きな人ならわかるとおり、右ページに挙げたのはほんの一部。
何を仕事にしたいのか、自己分析から探っていこう

■ 主な化粧品メーカー

あ	ウテナ　ELCジャパン　エフエムジー&ミッション　オルビス
か	花王　カネボウ化粧品　クリニーク ラボラトリーズ　ケサランパサラン　コーセー
さ	ザボディショップ　CAC　資生堂　シャンソン化粧品　ジュリーク・ジャパン
た	ちふれ化粧品　ドクターシーラボ
な	ナユタ　ナリス化粧品　日本メナード化粧品　ノエビア
は	ハーバー研究所　肌ラボ(ロート製薬)　ハリウッド化粧品(ハリウッド)　ファンケル ポーラ・オルビス
ま	メイベリン ニューヨーク(日本ロレアル)
や	ヤクルト化粧品(ヤクルト本社)
ら	ラッシュジャパン　ラブラボ　ランコム(日本ロレアル)

■ 主なアパレルメーカー

あ	アツギ　イギン　伊太利屋　イッセイ ミヤケ　イトキン　オンワードホールディングス
か	キャン　キング　グンゼ　ゴールドウイン　コスギ
さ	坂善商事　三陽商会　双日インフィニティ
た	ダイドーリミテッド　タペストリー・ジャパン　TSI　デサント トリンプ・インターナショナル・ジャパン
な	ナイガイ　ナイスクラップ　ナラカミーチェジャパン
は	ヒロタ　ファイブフォックス　フランドル
ま	ミカレディ　三松　三松商事
や	ヤマト インターナショナル
ら	ラルフ ローレン　リーバイ・ストラウス ジャパン
わ	ワールド　ワコールホールディングス

■ 主な「ブランド」

あ	アルマーニ　ヴィヴィアン・ウエストウッド　エルメス
か	カルティエ　グッチ　クリスタルボール　クリスチャン ディオール　クロエ コーチ
さ	シャネル　ジル スチュアート
た	トラサルディ　ドルチェ&ガッバーナ
な	ニナ リッチ
は	バーバリー　ハンティング・ワールド　フェンディ　プラダ　ブルガリ
ま	マーガレット・ハウエル　モンベル
ら	ルイ・ヴィトン

メーカー以外の「サービス」は、どんな仕事をしているのか

金融には、意外なリスクもある

　銀行・証券・損保・生保などをひとくくりにして「金融」と呼びます。銀行に口座を持っていない学生は少ないので、みなさんも送金や預金、クレジットカード決済、奨学金や仕送り等の入金などについてはわかると思います。

　しかし、銀行・証券・損保・生保すべてに共通する仕事は、学生にはなじみの薄い「資産運用」です。顧客から預かったお金を運用して利益を上げます。その**資産運用部門や、金融商品を開発する企画部門が、実はこの業界の花形なのです。**

　「給料はよさそうだ」と考えて安易に就職すると、地方で預金集めをするはめになります。低金利下で銀行の利益は減少しており、メガバンクをはじめとして新たなビジネスモデルを模索してきています。また、ＡＩの導入により以前は人間が行っていた紙帳票の読み取り精度を上げている三井住友銀行の例もあります。

電力などの自由化

　近年のエネルギー業界の最大の話題は、中部電力と大阪ガスが2018年４月に共同で、首都圏に電力やガスの販売会社を設立したことです。電力は送配電と販売の事業が分離され、ＫＤＤＩなどの通信会社や、発電所を持つ企業が参入しています。東海地区で圧倒的なシェアを持つ中電と関西大手の大阪ガスが提携してＣＤエナジーダイレクトを設立し、本来のエリア外に打って出たものとして注目されています。世界的にも、太陽光や風力での発電は、原子力や石炭や重油での発電に取って代わるといわれています。

ベンチャーやITは「千三つ（せんみつ）」

　プロ野球の球団を持つディー・エヌ・エーやサイバーエージェントなど有名なＩＴ企業もありますが、ベンチャーは基本「千三つ（成功し続けるのは千のうち三つ）」と考えてよいでしょう。当初はあの楽天でさえ、みなさんの親の世代からは「どこの天ぷら屋だ」と揶揄されたものです。Meta（旧Facebook）などもい

ずれは新しいものに変わる可能性があります。

みなさんもその技術革新の流れには注意が必要で、就活の対象としては「当たれば大きい」ですが、それはごくわずかで「そこで人生経験を積んで、次のステップに」ぐらいの覚悟が必要でしょう。

なお、これまであまり触れませんでしたが、**志望業界・企業を選ぶ基準として**「年収」「年金制度」などから見ることも、生涯設計をする上でとても大切です。

「流通」は女性の花形職種か

接客や商品構成が大きく売上を左右するのが「流通」です。簡単に言うとデパート、スーパー、コンビニエンスストア、ヨドバシカメラなど家電類の量販店、ユニクロなどの専門店があります。

新入社員は接客から始まり、ひととおりの業務を経験させられます。コンビニの直営店では、アルバイトの管理までやります。デパートではバイヤーという、仕入れ担当が花形です。これはデパートに納品する卸売り問屋を回り「売れるもの」を店頭に並べます。売れればいいのですが、そうはなかなかいきません。

また、コンビニでは仕入れだけでなく、弁当などの「自社製品」を開発する部門に女性が投入されています。MD（マーチャンダイザー）と呼ばれます。自分の市場調査やアイディアが売上に反映されるので、やりがいはあります。その一方で、**売れない状況が続けば「左遷」というリスクもあります。そのリスクを自分はとれるのか？　それには自己分析が必要です。**OB・OG訪問も繰り返し行いましょう。

■ 業界研究の方法ランキング（阪東100本塾調べ）

1位	インターネットで調べる
2位	書籍で調べる
3位	セミナーに参加する
4位	OB・OG訪問をする
5位	友人・同業志望の就活仲間と情報交換する

「マスコミ」は意外と地味な仕事

　放送・新聞・出版・広告などのマスコミは人気の高い業界です。

　派手に思われる仕事ですが、作業自体は意外と地味です。また、放送記者や新聞記者は「夜討ち朝駆け」という言葉があるように、24時間労働に近いときもあります。事件や政局に左右され、プライベートはあまりありません。

　テレビやラジオなどの番組も24時間、時間を問わずに制作されます。本や雑誌は「締切」があり、それが終われば休みはあります。ただし、企画のアイディア、情報収集、作家との付き合いで、休みもなくなりがちです。広告も、電通などの大手は営業が主体で、スポンサーの接待が仕事といっても過言ではありません。

　広告制作は、AOI Pro.（アオイプロ）のような企業は少なく、大半は零細な下請けです。宣伝文句を考案するコピーライターも、資生堂などでは社内の専門部署に籍を置いていますが、大半はコピーライター会社ともいうべき「団体」に近い組織に所属したり、有名コピーライターに「弟子入り」したりしています。

　狭い業界の上に企業規模が小さいので、採用数は多くはありません。民放や出版社は大手でも３〜30人前後、新聞（全国紙）では産経新聞が2024年度の新卒採用が３〜４人、朝日新聞も約20人など、厳しい状況です。広告は電通などの最大手でも約100人といったところです。

　この業界の入社試験は独特です。仕事の内容を知るために、ＯＢ・ＯＧ訪問はしっかりしておきましょう。また、採用数が少ないため、一般企業の内定をもらっておいて、マスコミを受けるのも１つの方法です。

■ リスクの低い順から並べた業界・職種（阪東100本塾調べ）

※ここで言う「リスク」とは倒産や企業合併の危険を意味している

公務員	市町村職員 都道府県庁職員	消防職員などの「現業」職を含む
	教　　員	学校に極端な苦情を言う「モンスターペアレント」の存在など、気苦労も多い。1教員あたりの生徒数は増加傾向にある
	警　察　官	キャリア組など、階級がはっきりしている
	自　衛　隊	PKO活動などで危険なところに行く場合がある。憲法との関係で、社会的に嫌われる場合もある
	税務署職員	意外とノルマがきつい
	国家公務員	中央官庁の地方機関はラク。霞が関の中央機関勤務はエリートだが、国会の予算審議の関係で帰宅時間が遅い激務となる
民間	通称「団体職員」	NHKなどの特殊法人の職員、国立大学などの独立行政法人の教職員、大学や公立病院などの医師、看護師、事務職員など。JT、JRAもこれらの1つ　＊「行政改革」というわりにはいまだに多く存在し、トップの多くは中央官庁の事務次官や審議官などの天下りである
	食品メーカー	卸売りに比べ、値上げを消費者に転嫁しにくいが、円安で原料高となれば、値上げせざるを得ず、業績に悪影響が出やすい
	不動産	外国人が投資目的で購入するなど、首都圏の不動産価格が上昇し、また、とくに貸しビルを持つ大手不動産は今後、高い業績が見込まれる
	エネルギー※1	公共性が高く、かつ独占企業が多い。業績の悪化は、値上げですぐにカバーできる
	ゼネコン	東日本大震災からの復興や東京五輪などの影響を受けて、今後も収益が伸びていくと予想されるので、有望である

（152ページに続く）

※1　原発停止により、収益が悪化している電力会社が多い

民間	運輸 （航空以外）	海運は、外国の景気に大きく左右される。佐川急便などの陸運は、JP（旧郵便局）との価格競争が厳しい
	航空、旅行代理店	コロナ禍で激減したが、盛り返している
	通信販売	楽天、アマゾン、ベルーナ、セシールなど
	商社※2	部門によっては先物取引、為替を予想する「カン」が必要。また、住友商事のシェールガス事業の失敗などのように、経済状況に大きく左右される
	電機メーカー	家電など、国際競争にさらされている分野の給与は安い。ニコンなどのように、多角化に失敗した企業は苦しい
	マスコミ	大手は若いうちから高給だ。とくに東京、大阪の民放は、生涯年収がすべての業種の中でトップ。マスコミは名刺1枚でだれにでも会うことができる。さらに、仕事を趣味のように楽しむ社員も多く、やりがい面でポイントが高い。若者がネットに流れ、新聞・放送の広告収入が減少している。NHKを除き、採用数は減少している
	小売	国内の競争が厳しい。土日祝日の出勤有り
	金融	数字に弱い人に向かないなど適性がはっきりしている。日銀の低金利政策や暗号資産の影響で採用数は激減している。多くの地銀や信用金庫、信用組合は合併を迫られている
	卸売り	値上げを商品の価格へ転嫁できる
	印刷	独占に近いが、出版業界の低迷で苦しい。大手などでは、化学などの分野に進出した企業もある
	情報通信などのサービス	技術革新が激しいので、企業の将来的な展望は見えにくい
	アパレル	外資系企業との競争が厳しい
	外食	競争が厳しい。人件費のコストが企業収益を圧迫している。コロナ禍で営業時間が大きく左右された
	コンサル、外資、IT	高給で面白いが、日本から撤退するなどリスクが高い

この表は、あくまで「阪東100本塾」での調査
※2　三井・三菱などの一部の最大手は、リスクが低いので除く

就職活動で気をつけたい
11のポイント

　本編の最後に、「他社の受験状況は？」と問われたときや「本当の第1志望はどこか」と聞かれたときの答え方、髪型・服装のポイント、集合のルール、OB・OG訪問の約束のとり方など、就職活動におけるちょっとした、しかし重要なポイントについて紹介します。

自己分析、エントリーシート、面接、OB・OG訪問で失敗しない「コツ」

1. 自己分析は客観的に

　自己分析は大切です。しかし、人間の個性は千差万別ですから、しゃくし定規に自己分析をしないでください。思いつめてはかえってマイナスです。

　あまり気負わずに自分史を書き（作文を書いてもいいです。筆者の就職活動支援塾「阪東100本塾」では100本の作文を書く中で、自動的に自己分析ができるようにしています）、友人とおしゃべりをしながら、分析してもらうのもいいでしょう。親にも話を聞いてください。祖父母といっしょに暮らしている人は、祖父母にもぜひ、聞きましょう。**自己分析はあくまでも「客観的」であることが大切です。**

2. 好きこそものの上手なれ

　「好きこそものの上手なれ」ということわざがあります。自分の好きなものは何か？　それが職業と結びつけられるか？　もし結びつけられるならば、その職業には何があるのか？──**好きなことをやっていれば、飽きないものです。**服が大好きならば、アパレルや服の流通業界が向いているでしょう。自動車やオートバイが三度の飯より好きな人は、自動車・バイクのメーカーでもいいでしょう。

　元大手自動車メーカーの技術者が、東海大学の先生になって学生にマシンを作らせ、「ル・マン24時間耐久レース」（フランスのル・マンで、毎年6月に実施される有名な自動車レース。24時間完走して、かつ何周したかを競う。日本車では、マツダとトヨタが優勝している）に挑戦させています。その研究室の学生は企業からひっぱりだこで、就職活動には困らないそうです。

3. 自己アピールと自己分析は違う

　自己アピールは、あくまでも面接での「演技」です。エントリーシート（ＥＳ）で言うと「書き方のテクニック」です。そこには本当の自分がいない場合があります。**自己分析は、本当の自分を見つける「旅」のようなものです。**しっかりと自分の性格や心理・知力・体力を知ることが大切です。育った環境・親の面倒を

周囲の人たちと話しながら、気負わずに書く

「好きなもの」を職業に結びつけるのもいい

「自己アピール」と「自己分析」は違うもの

「受験状況」は提出先の業種に合わせて

どうするか（Ｕターン）・一生の仕事としてやりたいことなども影響してきます。その分析をするために自分史を書くのです。「適性を探す」という意味で、ＯＢ・ＯＧ訪問などで志望業界や企業の実態を研究することとも、表裏一体です。

4. エントリーシートの「他社の受験状況」は、提出先の業種に合わせる

　どんな企業のＥＳにも、必ずと言っていいほど「他社の受験状況」を記入する欄があります。**そこには「類似の業種の企業名」を書いてください**。例えば、金融なら銀行名を書くことです。信用金庫や信用組合でもかまいません。もし「みずほ銀行」のエントリーシートに「三菱商事」と書いたら「君は、本当はどっちに行きたいのかね？」と突っ込まれます。

5. どの会社でも「御社が第1志望」

　業界で最大手ではない企業を受ける際には、よく「君の本当の第1志望は○○社ではないの？」と聞かれます。「○○社」は業界1位の企業です。たいていはトップ企業に人気が集まります。例えば、空運ならＡＮＡがトップで、ＪＡＬは2番目です。そんなときに「実は○○社です」と言うのは、正直に馬鹿がつく「馬鹿正直」になります。たとえ業界での「順位」が低くても、その企業なりの特色や社風がありますから、**それぞれのよいところを挙げて、すべての企業を「第1志望」と考えておくのです。**

　新聞社で言うと、朝日と読売、日経が人気を三分しています。毎日も全国紙に変わりなく、給与は低くても、社内の風通しのよさ（社風が自由・人間関係が良好・敗者復活あり・人事の希望が通りやすい）は、他社と比べようもありません。ブロック紙の中日も朝日並みの年収でおすすめです。

　自己分析の結果、自分は「ノルマ」（売上などの実績目標）が厳しいのは嫌だと思えば、たとえ親が何と言おうと、証券会社でいうなら野村證券ではなく2位以下の証券会社がいいでしょう。

6. 帰国子女などは「ボスキャリ」に登録を

　これは育った環境で、本人に責任はありませんが、帰国子女（とくに女子）は、外資系企業が合います。とくに欧米からの帰国組は「合理主義」「縦ではなく横の関係」「実力主義」「個人の自主性を尊重」といった考えが染みついています。「縦型でがんじがらめの人間関係」「年功序列」「チームワークを重視」「プライバシーがない」日本の企業は合いません。

　これは、筆者が就職支援の授業を長年やってきた末に導き出した結論です。帰国子女（中には留学組でさえ）はほとんどが、外資系企業に就職しています。

　また、近年は「ボストンキャリアフォーラム」という日本の企業がアメリカのボストンで開催する、日本語と英語のバイリンガルのための就職イベントがあります。

　展示会のような形式で、ブースには企業の採用担当者がいて、応募者の相談に乗ります。企業によってはその場で面接を行い、採用に速結する場合もあるようです。海外体験があり、語学ができれば、帰国子女でなくてもオンラインで参加

受けるすべての企業のよいところを探し、それぞれを「第1志望」と考えておく

展望　特色　社風　理念

帰国子女は外資系企業が合うことが多い

男女とも、好印象を与える服装・髪型で

できます。

　この就職イベントで提出するエントリーシートは、使い回しも可能です。中には、提出を求めない企業もあります。ただし、そのエントリーシートは、数千字の長文を書かされるのが特徴です。

　現在では、日本の企業が日本での採用にこのイベントを利用しているケースもあるようです。

7. 社会のルールを知る

　4章で学生たちも述べていたように、茶髪で会社を回っている学生はあまりいません。30年前なら茶髪の代わりに長髪の学生が多かったものですが、就職活動では当時もみんな髪を切り、整えていました。女性も髪は短めが好ましいところです。**女性も男性も、たとえ「私服でもいいよ」と言われても、カジュアルな服装はNGです**（ファッションセンスを見るアパレル・出版などは例外）。

8. 5分前ルールや30分前ルールを守る

　同じように、社会人の常識として「5分前ルール」があります。

　約束（面接や筆記試験会場の集合時間）の5分前には、指定の場所に着くようにしましょう。とくに役員面接のときは、秘書や人事担当者に迷惑をかけないよう、この「5分前ルール」を必ず守ってください。

　「30分前ルール」は、知らない所へ初めて行く場合のルールです。理由は簡単です。迷うことを想定して、**30分の余裕をもっておけば、本当に迷ってもあせらないからです。ポケット判でもいいので（東京はとくに）、地図帳があると役立ちます。**筆者は、出かけるときは首に方位磁石（コンパス）をぶらさげることにしています。これと地図があれば、北の方角がすぐにわかります。地下鉄から外に出たときは、案外方角がわかりにくいものですが、コンパスがあれば迷いません。また、スマートフォン用の地図アプリも役立ちます。

9. 名刺を作ろう

　OB・OG訪問に欠かせないのが、名刺です。**名刺は、自分から相手に出さないともらいにくいものです。**また、相手が持っていない場合でも、自分の名刺の裏に、フルネーム・部署・携帯番号・メールアドレスを書いてもらうことができます。**できれば、自宅の住所も書いてもらいましょう。**お礼や就職活動の報告の手紙を自宅に出せます。

10. 会社への電話では、大学名を名乗らない

　会社によっては、自社の社員が学生に会うのを禁止しているところもあります。したがって、会社に電話をかけるときは、大学名を伏せて、個人名で名乗りましょう。「どちらの○○さんですか？」と聞かれたら「友人です」と答え、本人が出たときに、改めて大学名と学部名・自分の氏名を名乗ればいいのです。

11. コロナ以降の就職活動のコツ

　面接試験ではWeb面接が主流になっています（マスコミ、食品、ゼネコン、商

約束の5分前には、指定の場所に着く

未知の場所に行く場合は30分の余裕を持つ

名刺を作っておく

OB・OGへのアポで会社に電話をかける際は、大学名を名乗らない

与える「印象」に気をつける

社、ＩＴ、外資などの人気企業はとくに多い）。大量の志望者をさばくのにWeb面接は役立つ、ということが人事もわかりました。

　一次面接では、人事部や課長級が面接官です。エントリーシートで絞った学生に対して、Web面接をします。ズーム（Ｚｏｏｍ）というアプリを使うのが大半です。事前に人事からズームのパスワードなどがメールで送られてきます。そのパスワードをパソコンやスマホの画面から入力すると、開くことができます。

　注意したいのは音声です。途切れることがあるので、聞こえにくいときは人事担当者に必ずアピールしましょう。また自分の声が人事や面接官に聞こえているかどうかを相手に確認するのが無難です。そのため、常に画面に注意してください。とくにスマホで行う場合は自分の顔が相手のパソコンに出ていないこともあります。なるべく、パソコンを使ってやりましょう。

　最終の社長役員面接の前には、会社に呼んで対面します。それは最終面接で通過した場合の（本当に入社するか）意思確認や対面でしかわからない微妙な人間性や表情などの判定をするからです。

面接官に強くアピールできる
コミュニケーション能力＋キーワード

　内定を勝ち取るためには、エントリーシート（ＥＳ）でも面接でも、ライバルたちから一歩抜き出る必要があります。ここでは、企業の人事担当者や面接官に自分を大きくアピールできる、自己分析の応用編を解説します。

　また、せっかく入社できても、すぐに辞めてしまう人が増えています。自分がそうならないための自己分析の活かし方も紹介していきます。

1 内定を勝ち取るために

採用側は、コミュニケーション能力を見る

　就職活動では、みなさんのコミュニケーション能力が問われます。「それなら自信がある」と思う人も多いでしょう。しかし、就職活動で求められているコミュニケーション能力とは、気心の知れた仲間や身内などと仲よく会話する能力（性格）ではなく、**企業の一員として、世代の異なる先輩や上司、取引先と信頼関係を構築し、円滑に業務を遂行するための意思疎通能力です。**この能力をアピールできると、面接での評価がグッと上がります。

　では、採用側が求めているコミュニケーション能力をＥＳや面接でアピールする方法を、具体的に解説していきましょう。

面接官が興味を示すキーワードをESに書く

　エントリーシートの多くは、趣味・特技の欄を設けています。あまり重視していない人も多いかもしれませんが、人事担当者や面接官は、そこにも注目します。

　受ける面接の段階＝世代によって違ってきますが、最終面接までＥＳが参考にされることを考えると、自己分析の結果の中に「中高年層の趣味」に該当するもの、つまり、中高年の面接官にも興味を示してもらえそうなキーワードを、ＥＳに積極的に書いておきたいものです。

　普通、学生は「部活（サークル）をまとめ上げた」「アルバイトで頑張った」

など、自らの体験を通してコミュニケーション能力をアピールします。しかし、部活やサークルといった、同世代とのコミュニケーションなど、できて当たり前のこと。中高年層の面接官に対して一歩抜き出たアピールをするためには、彼らとのコミュニケーション能力を匂わせることが必要なのです。

そのアピールは、口で言わずとも、中高年層と共通する話題を示すことで十分に成立します。**「この子とは話ができそうだ」**──そう思わせるキーワードをESにちりばめておけば、人事担当者や面接官は興味を持ってくれるでしょう。

ES・面接に使える「趣味・話題」とは？

この項の後半（170ページ〜）に、人事担当者や面接官の目に留まりそうなキーワードを列挙しておきます。自己分析の中の「自分史年表」を見返して、近い過去だけでなく、幼い頃の周囲との思い出までさかのぼり、もし、該当するものがあれば、ESに記入しましょう。ぜひ、積極的に活用してください。

しかし、そこに挙げたのは、あくまでも目安です。34ページで紹介した関東国立大卒・神田さんの「１人旅」のように、**思わぬところに中高年にも受けるキーワードがある**かもしれません。各自で工夫をしましょう。

そのほかにも、海外留学や海外旅行ネタを書くぐらいならば（理由は53ページを参照）、地元・故郷の人情ネタのほうが、中高年層の「食いつき度」は高いと思われます。アピールのツール（道具）として利用しましょう。

広がっている世代間のギャップ

今、多くの人事担当者や上司たちが、新入社員・若手社員の行動に対して悲鳴を上げています。いつの時代も世代間ギャップというものは存在してきましたが、現在、世代間の差異ではとても片づけられないようなケースが続発して彼らを悩ませているのです。よく聞くのは、下のような話です。

- ●「飲みに誘っても付き合わない」
- ●「来ても義務的に参加し、２次会には付き合わずにさっさと帰る」
- ●「プロ野球のチケットをあげても喜ばない」

みなさんにとっては「それの何が問題?」「個人の自由だ」と思われるかもしれませんが、飲み会というのは、コミュニケーションの場、職場では言えない本音を漏らせる・聞ける場なのです。**人間関係を構築し、円滑にする場に参加しようとしなければ、当然、仕事をしていく上で支障が出てくる可能性があります。**

　例えば、プロ野球への興味がなければ先輩や上司との「話題」の不在につながりかねません。社会では、「プロ野球の年間契約席」や「相撲のマス席」などを会社で買い、お得意先に渡す、あるいは同行するなどの接待に利用することが多いものです。何かの事情で上司がチケットを入手し、渡されたとします。それは、**単に新人を喜ばせたいのではなく、その後の新人とのコミュニケーションのきっかけも作ってくれている**のです。「興味がないから」と一方的に断るのは、失礼な上に、自らコミュニケーション能力がないとアピールするようなものです。

一般常識の欠如も問題に

　また、若手社員の「一般常識の欠如」も悩みの種だそうです。例えば、中高年の社会人の常識と言える昭和の大事件——日米安保闘争や日航機墜落事故について知らない、近現代史以外の分野でも、日本の有名な作家とその作品、映画の古典作品、プロ野球の有名な選手などを知らない、という人が増えているのです。

　だからこそ、自己分析を通し、中高年世代にも受けそうな趣味や、一般常識を身につけることが大切なのです。コミュニケーションが取れそうであると面接官に思われるだけで、**他の学生に対して、大きなアドバンテージが得られる**のです。

　そのような努力をしてこなかったがために、悩んでしまっている。そんな若手社員の具体例を2つ見てみましょう。

例　人間関係に疲れるＡさん

　新入社員のＡさんは、酒の席が苦痛だ。入社当初こそ、学生時代の話や出身地の観光名所、お酒の好みなどを問われたものの、それ以上の会話が続かなかった。上司の趣味である野球にＡさんは興味を持てなかった。競馬も麻雀も、もともと興味がなかった。さらには、映画の話になっても、周りはみんなよく知っているのに、映画に興味のない自分は知らないまま。話を振られても、「知りません」「見ていないので……」としか答えようがない。Ａさんは酒の席が苦痛になり、会社の飲み会には、義務的に１次会のみ出席して、すぐに帰るようになった。

　そうなると、上司とは仕事上で顔を合わすだけの関係になり、話も弾まなければ、互いの好みもわからないままである。そんな相手と人間関係を結ぶのは、とても辛い作業だ。Ａさんは、社内の人間関係に疲弊しながら日々を送っている。

例　１つのことには詳しいが、一般常識に疎いＢさん

　Ｂさんの趣味は音楽鑑賞。ジャズがとくに好きで、レコード盤を集めるのが趣味である。会社に入っても、この趣味は会社の上司との会話にも役に立った。ジャズ好きは中高年層に意外と多く、レコード盤の話となると、いよいよ話が弾む。

　しかし、音楽以外の話はあまり得意ではなかった。とくに歴史の話には疎く、上司が話す昭和の事件は聞いたことがある気がするだけで、まったく知らないものばかりだ。仕事中や酒の席で、話についていけないＢさんは、あきれた目を向けられることも日常茶飯事だった。

　あるとき、航空関係の取引先との打ち合わせで日航機墜落事故の話が出た際も、話についていけず、あとで上司に「勉強しろ」とひどく叱られた。同じようなことが何度かあり、Ｂさんは自分でも悩んでいる。

「世代間のギャップ」をうまく利用する

　2人の若手社員の例を使い、長々と、みなさんにとって耳の痛い話をしてきたのは、ここに、内定を勝ち取るヒントがあるからです。

　日頃、若手社員との世代間のギャップに悩んでいる上司＝面接官にとって、**「話せる若者」であることは、大きなアピールポイントになります**。中高年層と共通のキーワードをちりばめたＥＳは「食いついて」もらいやすく、面接での会話のきっかけにもなります。つまり、マイナス要素である「世代間のギャップ」を逆用して、コミュニケーション能力をアピールするのです。

　ただし、**無理に合わせようとすれば、ほころびが出ます**。自己分析で作った「自分史年表」をじっくりと見返してください。

2　すぐに辞めないために

すぐに辞めない準備は就職活動から

　本書の冒頭でも述べたように、最近では、せっかくライバルに勝って入社したのに、3年も経たないうちに辞めてしまう若者が増えています。個々の事情はあるにせよ、辞めてしまう理由には、いくつかの共通点があります。せっかく入社したのに、すぐに辞めてしまうということにならないためにも、自己分析は役に立ちます。まずは、若手社員が辞める理由を見てみましょう。

コミュニケーション不足で辞める人

就職後3年も経たずに辞めてしまう人には、上司から見て、

- 「言われたことしかしない」
- 「ミスをごまかす」
- 「仕事で失敗したときに言い訳を先にする」
- 「自分から積極的に仕事のコツを聞こうとしない」
- 「何でも体調不良を言い訳にする癖がある」

などの特徴があるようです。**コミュニケーションがうまく取れていないので、よいアドバイスができず、励ますことも難しいのです。**

　過労死を防ぐ取り組みは、企業の労務管理の重い課題となっています。残業時間が20％以上カットされた企業もあります。

　一方、過労死やノイローゼとのつながりはありませんが、「現在とは違う、もっと自分に合う職業がある」と思い、あるいは、そう理由づけて、転職を繰り返す——メーテルリンク作の幼い兄妹が幸せの青い鳥を探して回る童話にちなんで**「青い鳥症候群」**と名付けられた、今の若者に多い行動パターンも目立つようになっています。

ブランド志向が強くて辞める人

　とくに有名大学、校名自体がブランド化している大学の出身者に見られるのですが、「こんな無名な企業に……」という思いを募らせて、退職する新入社員もいるそうです。現在身を置く企業の知名度が自らのプライドに見合わない、というのでしょう。

　しかし、就職は大学受験ではありません。**世間一般には有名でない企業や小規模企業の中にも優良企業は多く、企業の知名度や事業規模で判断するのがおかしい**ということはわかるはずです。なぜ、このようなことが起こるのでしょうか。

　原因の１つとして、就職活動そのものに問題があるのではないかと思います。

　ひと言で言えば「大学受験と就職活動との混同、大学の就職予備校化」です。大学受験には「偏差値」という定規があり、できるだけ偏差値の高い大学を受験するために努力します。それがそのまま就職活動に引き継がれて、自己分析を踏まえた、自分に向いた企業選びでなく、「偏差値」の高い企業——大企業中心思考に陥ってしまっているのです。

見込み違いで辞める人

　前述のとおり、今の学生の就職活動の問題点として、業務内容を理解しないまま、「知名度」だけで企業を選んでいる、というケースが多くあります。就職活動の段階で業務内容を調べることもなく、ただ一流企業、有名企業というだけで応募するのです。

現在も、マスコミ志望者に根強い人気のある新聞社を例に挙げます。新聞社の中には、新聞記者にも部数拡張のノルマを課す会社もあります。つまり、営業の仕事です。部数の拡張は新聞社の生命線ですから、たとえ記者でも、社員としての義務といえます。それなのに「営業職で採られたわけではない」といって我慢できず、辞めてしまうというのです。せっかく高い競争率を勝ち抜いて得たその職を入社後間もなく手放す新人が後を絶たないのだそうです。入社前にしっかりと自分の特性を考え、また企業の仕事内容などをOB・OG訪問などを通して把握しておけば、こういった事態は起こらないでしょう。

　また、**一見派手に見える仕事でも、地味な内容の仕事はつきものです**。例えば、放送局や新聞社の記者の場合、すぐ海外特派員になれるわけではありません。実際は、最初の数年は地方支局勤務になります。営業職でも同様です。某証券会社の「飛び込み営業」は有名です。名刺を持たされ、1日200件もの事業所や家庭を回って、契約を取る仕事を行います。銀行でも、ボーナス時期には「定期預金にお願いします」などと親類や友人、支店の近所を頼んで回り、2億円集めることをノルマとして課す金融機関もあります。

　鹿島建設などのゼネコンでも「キャンプ」と称してトンネルや橋などの建設現場に3年泊まり込み、下請け企業の人たちと酒を酌み交わすこともあります。それができないと、たとえ東大卒でも左遷され、幹部社員にはなれないのです。

「業務内容の理解」が大切

　会社内での新人の扱いや仕事の内容は「就職活動中にその会社や同じ業界に入った先輩に会う」「人事担当者に質問する」など、さまざまな方法で窺い知ることができます。「業務内容の理解」という職業を選ぶに当たっての根本的プロセスを経ずに、イメージだけで企業を選んでしまう。それにより、せっかく入った企業を「思っていたところと違う」と、数年で辞めることが起きているのです。

　ただし、それは学生の意識の問題だけが原因とも言い切れません。インターネットを使っての就職活動が主流になる中で、現在の学生は一人数十社、多ければ100社以上受験します。**受験する企業数が多いため、1社1社を詳細に調べることができなくなってしまう**という、現在の就職活動ならではの弊害があるのです。そして、多受験による1社1社への研究不足は、先に指摘した有名企業・規模の大きな会社に無条件で応募してしまう風潮に、さらに拍車をかけているとも言えます。1つ具体例を見てみましょう。

例 「やりたい仕事ではない！」と、1か月で退職

　全国に展開する大企業に入ったCさん。事業を企画立案することを夢見て入社したが、入社研修中に告げられた初任地は、九州の片田舎の営業所だった。初任地は必ず地方の営業所に行くと一応小耳に挟んではいたのだが、Cさんには耐えられなかった。初任地での雑務と地元中小企業相手の営業に追われる日々に嫌気がさし、1か月後には退職届を提出。

　理由は「思い描いていた仕事との相違」。ここにいては、本当にやりたい仕事ができないという思いを募らせたのだ。

　先輩たちの説得にも耳を貸さず、Cさんはせっかく就職した大企業を去った。地方勤務の場合、友人がいないので孤独を感じるなど、仕事の内容以外の要素が大きいこともある。2020〜21年などはコロナ禍で先輩との飲み会も減り、「技術」「手の抜き方」などの伝授がされにくくなった。このため、現在の離職率はとても高くなっている。

辞めないための就職活動

　このような学生が増えつつある傾向の中で、**採用側としても「辞めそうにない人間」を選ぶということが、重要になってきています**。体育会系の部活動をしていた学生を積極的に採るようになった時期があったのも、そうした傾向の証明です。「辞めそうにない」が採用基準とまではいかなくとも、そう感じさせる学生は、若手社員の扱いに悩んでいる上司＝面接官にとっては、つい、目を留めたくなる存在になるのです。

　幼い頃から競争にさらされず、厳しい上下関係も体験してこなかった今の若者世代にとって、上司の世代である人たちとの価値観の違いが、採用される上で、また、入社後ともに働く上で、大きな障害となっていることは、これまで述べてきたとおりです。

　しかし、それが大きな障害だからこそ、**対策を心得ておけば、ライバルたちに差をつける「大きな武器」にもなります**。実際に就職活動をする上で自分自身でどのようなことができるか、「自己分析とのフィードバック」も含めて、アドバイスを2つ挙げておきましょう。

阪東'sアドバイス 1　就職活動中はとにかく人に会う

　就職活動中は、とにかく「個人的に」目上の人に会うことを心がけてください。ОBやОG、父親の同僚、教授の紹介──誰でもよいのです。まずは、年上の人と話すことに慣れること。それがもっとも重要です。そこで、緊張をほぐすとともに、誤った言葉遣いや話し方を指摘してもらうのもよいと思います。また、説明会では聞けない「仕事の本音と建前」を聞くことができ、業務理解や業界研究が進みます。場合によっては、その職業へのモチベーションが上下することもあるでしょう。とくにおすすめしたいのは、喫茶店よりも居酒屋で会うことです。目上の人との酒席に慣れるのも、ひとつ大きな要素です。学生ばかりの飲み会ではしない気遣いをしなければなりません。また、年上の世代がどんな会話を好むのか、観察できる機会でもありますし、直に質問してみてもよいと思います。同時に、しらふのとき以上の「仕事の本音と建前」を聞ける可能性もあります。

　コミュニケーション能力をつける、業界研究を進める、モチベーションを高めるなど、人に会うことでさまざまな利益が得られます。コロナ禍でも1対1なら会ってくれるOB・OGはいます。積極的に連絡することが重要なのです。

阪東'sアドバイス 2　情報は「新聞」「NHK」から得る

　新聞やテレビのニュースを見ることは、一般常識を身につける上では必須です。とくに、NHKの「ETV特集」やNHKスペシャルは注意して見るようにしましょう。その時々の時事問題を深く掘り下げるだけでなく、文化・教養・歴史などについて広い知識を与えてくれます。「映像の世紀」（1995～96年）なども、機会があれば見ることをおすすめします。図書館や放送ライブラリー、NHKオンデマンドなどを活用するとよいでしょう。ニュース番組は、TBS系「報道特集」やテレビ東京系の「ワールドビジネスサテライト」、NHKの「NHKニュース7」「ニ

ュースウオッチ９」「クローズアップ現代＋」をおすすめします。

　また、新聞は毎日の出来事を包括的に伝えます。分析や解説など、プロが会社の責任で行っています。インターネットで自分が好むニュースばかりを読む癖は、早々にやめましょう。好みのニュースばかりでは、情報が偏り、全体的な視野を見失うからです。また、匿名性が強く無責任なインターネット上の分析・解説よりも説得力があります。

　ネットニュース・言論空間は、確かに地位を得てきていますし、信頼するに足る情報源もあります。しかし、上司世代にとって信頼のおける情報機関は、インターネットではなく、ＮＨＫであり新聞である、ということを認識しておくべきです。あと、大学生になって、いつゲームから「離れるか」「去ることができるか」も重要です。とくにコロナ禍では時間があるため。これは大きな課題です。

　以上、「自己分析」から面接官に狙いを定めてキーワードを引き出し、ＥＳや面接でライバルに差をつける方法や、入ってすぐ辞めることがないよう、就職活動として行うべきことなどを説明してきました。**ＥＳで「10年後の私」を書かせる企業が多くあります。この質問には、学生が『将来のビジョン』を、仕事にからめてどう考えているかを確認する意図があります。**「人生の目標」「仕事の意義」を上司や先輩となる面接官に語れるようになってください。「社会人としてのコミュニケーション能力」は、今後あらゆる場面で必要となります。それを念頭に置いて就職活動を乗り切り、ぜひ、内定を勝ち取ってください。

ES・面接に使えるキーワード集

　将来の上司となる人事担当者や面接官に「コミュニケーション能力」をアピールできるキーワードを挙げておきます。ES・面接の準備に、ぜひ、積極的に活用してください。

スポーツ ••

プロ野球　言わずと知れた、話題の王道。中高年のおじさんが若いときには、スポーツは野球が中心だった（サッカーではない）。好きなプロ野球チームがあれば、セ・パ両リーグでの順位を言えるようにしたい。上司の出身県などを聞いて、好きな球団の話をしてみたりすると話が広がる。

相撲　中高年からさらに高い年齢層に人気がある。八百長問題も、昔から取沙汰されていた。地元の出身力士への応援は根強く、全国的には知られていない十両、幕下以下の力士の活躍も、地方新聞のスポーツ欄や全国紙の県版などで「星取り表」とともに掲載されている場合がある。また、貴景勝、朝乃山、遠藤、若隆景、翔猿、御嶽海、宇良、高安、阿炎など、日本出身力士の活躍で、新たな盛り上がりを見せている。

競馬　競馬は賭け事ではなくスポーツだ、という声を多く聞く。1970年代、地方競馬（中央競馬＝JRAとは違う）出身の馬ながら中央競馬で活躍したハイセイコー（品川区の大井競馬場）や漫画で有名なオグリキャップなどのブーム以降、競馬はただの賭け事でなく、ロマンとドラマの要素を強くさせた。競艇、競輪は女性選手の活躍もあり、NHKの番組などで取り上げられることが多くなった。2020年2月末〜3月のレースは戦後初めて無観客で行われたが、その後は入場制限をなくしつつある。

趣味の話題 ••

将棋　竜王戦（読売新聞社主催）や王将戦（スポーツニッポン新聞社・毎日新聞社主催）など、大手新聞社（ほかに朝日、共同通信、日経など）が主催するタイトル戦があり、知的スポーツとして根強い人気を誇っている。藤井聡太が2016年に14歳でプロ入りし、2022年2月に5冠の最年少記録を更新した。

■ 将棋の8大タイトル戦一覧

名人	棋聖	王位	王座	竜王	王将	棋王	叡王
名人戦 4〜6月	棋聖戦 6〜7月	王位戦 7〜9月	王座戦 9〜10月	竜王戦 10〜12月	王将戦 1〜3月	棋王戦 2〜3月	叡王戦 4〜6月

※2017年、ドワンゴ主催の叡王戦がタイトル戦に昇格した。

８つのタイトル戦のうち、もっとも古いのは「名人戦」。「王将戦」の名前は、劇作家・北条秀司作の新国劇『王将』や、村田英雄が歌った演歌「王将」で有名。「王将」は、今でもカラオケで歌っているおじさんがいる。ちなみに、映画『王将～将棋名人 坂田三吉』（阪東妻三郎主演）も人気が高い。2017年12月には、羽生善治が史上初の永世七冠を達成し、2018年には、囲碁の井山裕太とともに、国民栄誉賞が贈られた。2023年には藤井聡太が史上初の８大タイトル全制覇を達成した（ちなみに、叡王を除く７大タイトルすべてを独占した期間がある棋士は、1996年の羽生善治のみであった）。

囲碁　将棋と並び、知的スポーツとして人気が高い。囲碁ＡＩ（人工知能）「アルファ碁」などでも話題だが、若い人の間でも楽しむ人が多い。もし、自身もやっているなら、エントリーシートの趣味欄に忘れずに書いておこう。将棋同様に、各新聞社が主催する、名人戦（朝日新聞社）や本因坊戦（毎日新聞社）などの７大タイトルがある。女流では、仲邑菫が10歳０か月で、上野梨紗が12歳９か月でプロ入りするなど話題を集めている。また、プロ最年少の藤田怜央初段が公式戦４戦目で初勝利した。

■ 囲碁の7大タイトル戦一覧

棋聖	十段	本因坊	碁聖	名人	王座	天元
棋聖戦 1〜3月	十段戦 3〜4月	本因坊戦 5〜7月	碁聖戦 6〜8月	名人戦 9〜11月	王座戦 10〜12月	天元戦 10〜12月

麻雀・ゴルフ　営業マンに必須な麻雀やゴルフは、学生時代に強ければ就活に有利になる。強いと接待でわざと僅差で負け、取引先を喜ばせられるという。

登山・キャンプ　低山や雪山など幅広い。深田久弥の『日本百名山』『百名山以外の名山50』、新田次郎の『孤高の人』『強力伝』などを読んでＥＳの趣味欄に書くと最終面接の役員に受ける。最近ではオリンピック競技のボルダリング（スポーツクライミング）で日本選手が活躍している。キャンプはソロキャンプが新型コロナ以降流行していて、ドライブ（車の人気車種）と組み合わせれば、これも面接官受けする。

魚釣り　漫画『釣りキチ三平』や映画『釣りバカ日誌』の人気からもわかるように、古くから、幅広い世代に趣味として定着している。磯釣り、船釣り、川釣りなど、季節や場所によって釣具なども多様化している。さらには、釣果を酒の肴にさばくことが趣味ともなれば、お酒の話にも及ぶ。おじさんの大好物オンパレード。

ガーデニング　男性のガーデニング愛好者が増えているらしい。盆栽の世界を、庭全体に広げた形だろうか。花や木々の種類に詳しい人から、単に庭づくりを楽しむ人まで幅広く、有名造園家の庭を巡る愛好者もいるとのこと。

国内旅行 「青春18きっぷ」を使って、鈍行列車の旅をしたことなどはないだろうか。有名な土地を巡って観光地を知り尽くしているのもよいし、穴場を紹介できるのも、また１つの趣味の形だ。鉄道旅だけではなく、車やオートバイでのツーリングなど、日本国内の旅行は、共通の話題にもなりやすい。

ユースホステル泊 青少年に安全で安価な宿を提供しようとドイツで始まった宿泊システムが、日本でも流行した時期がある。1970〜80年代のユースホステル会員は60万人に上ったらしい。現在は13000人台まで落ち込んでいるが、1970年代の青年たち（おじさん世代）は、ユースホステルの相部屋でひしめき合いながら旅をした。ピークは過ぎたとはいえ、現在も日本全国約130か所にユースホステルが存在する。

ヒッチハイク 1990年代、日本テレビ系列の番組「進め！電波少年」の影響も受けて、日本でも少し流行した。2000年代にも再び流行したことがある。中高年層にとっては、ヒッチハイクという「手段」よりも「貧乏旅行」ということにシンパシーを感じる。宮沢りえ主演、杉咲花らが助演の映画『湯を沸かすほどの熱い愛』（2016年）でも、松坂桃李がヒッチハイクをしているシーンがある。体力・精神力のアピールにもなる。

自転車 手軽だが、じつに多種多様な自転車が存在する。自転車を専門に扱う雑誌も数種類を数え、価格も超高級品ともなれば数百万円に上るものも存在する。健康志向も手伝ってか、専門店も増え、若者だけでなく、中高年にも需要があるとのこと。

オートバイ 自転車と同じく、中高年の趣味として一部で盛んだ。ハーレーダビッドソンというアメリカのオートバイは、とくに中高年に人気がある。専門誌も数種ある。見て楽しむ人もいれば、実際にメンテナンスを行い、ツーリングして楽しむという人もいる。自転車も含めて、食いついてくる面接官がいるかもしれない。

芸能の話題

落語 身振りと語りだけで話を進める、日本伝統の話芸。出版社の入社試験でよく出題される「三題噺」も落語を基にしている。物事を伝える表情の繊細さ、言葉選びの巧みさ、などの魅力から落語を愛好している人はとても多い。有名どころとしては、桂文楽／柳家小さん／三遊亭圓生／桂春團治／林家染語楼／桂文枝／立川一門／林家一門など……。近年はブームと呼ばれるほど寄席の客も増加している。

文楽 本来は日本の伝統芸能である、人形浄瑠璃を専門に上演する劇場の呼称だが、人形浄瑠璃の代名詞となっている。2008年にはユネスコの世界無形文化遺産に登録された。江戸時代より前の物語「時代物」と、江戸時代当時の話「世話物」などに分かれる。人形遣い、太夫（語り）、三味線の織りなす風流な世界に魅了される人は多い。

能楽　鎌倉時代から室町時代に完成したという、日本の代表的な伝統芸能の１つで、ユネスコの世界無形文化遺産。「幽玄」を表現すべき美的な特質の１つとしている。能楽師の動きや、囃子の音などの風流さに加え、教養として鑑賞する人も多い。

鉄道の話題 ●●●

鉄道も〈趣味〉の１ジャンルだが、好みの方向がさまざまに派生している。ＢＳ放送では鉄道番組は増えている。

時刻表　鉄道マニアといってもさまざまだが、何よりも時刻表を眺めるのが好きな人もいる。羅列された時刻を見て擬似旅行を楽しむのだ。
文学作品では、中央公論社の役員時代に当時の日本国有鉄道（国鉄）全線完乗を達成した宮脇俊三の処女作『時刻表2万キロ』（河出書房新社）と、退職後同じ路線を使わない手法で北海道から鹿児島まで「最長片道切符」で旅した同じ作家の2作目『最長片道切符の旅』（新潮社）が有名。ぜひ、ご一読を。

寝台特急　日本で唯一残っているサンライズ出雲・瀬戸（東京－出雲／東京－高松）はいつも満席で、ファンに注目されている。実際に乗ることで、鉄道ファンの多い昭和50〜60年代生まれの面接官によいアピールができる。「西村京太郎サスペンス 十津川警部シリーズ」にもよく出てくる。

廃線散策　採算が取れずに廃線になった路線は多数存在する。その路線を歩きながら、散策することを趣味にする人もいる。ハイキングなどとのかけ合わせの趣味といってもよいだろう。冒険心を満たすだけではなく、哀愁を感じながらのんびり歩くことに癒しを求める中高年が多いのだという。

駅弁　各地のデパートで駅弁フェアが開催されれば、多くの人が訪れ、有名どころは即日完売する。中でも、京王百貨店新宿店が毎年１月に行う駅弁大会が有名で「駅弁甲子園」とも呼ばれる。その土地土地の食材を使ったり、光景を表現したりした駅弁は、電車の中にいながら観光名所にいる気分にもなれる。ちなみに、駅弁ランキングの上位常連組には、広島駅の「あなごめし」、神奈川・大船駅の「鰺の押寿し」、北海道・森駅の「いかめし」などがある。

歴史の話題 ●●●

遺跡散策　日本各地に、遺跡が残る。縄文・弥生の遺跡から丘形の古墳、屋敷跡、そして城跡など。それらを巡るのが好きな人も多い。写真に収めるのが好きな人もいれば、歴史書を片手に散策する人もいる。

近代遺構散策　軍艦島（長崎県）へのツアーが人気を呼んだ。水没した旧水力発電所跡、旧炭鉱跡など明治以降の近代遺構に対して関心を寄せる人も多い。観光地として有名な近代遺構は、軍艦島や旧曽木発電所（鹿児島県）、松尾鉱山（岩手県）など。

城　「歴女」という言葉がはやったが、性別に関係なく、城に惹かれるマニアは多いようだ。城といえば、2009年から始まった姫路城大天守の保存修理が、2015年に竣工（完成）した。多くの城跡が公園として公開されていたり、天守閣などを復元工事し、観光名所としている。歴女が流行した昨今、各地方都市は、歴史上の人物の格好をさせたPR隊を編成して観光対応に当たるなど、工夫を凝らしている。

大河ドラマ、歴史ドラマ、時代小説　歴史を簡単に理解するには小説を読んだり、ＮＨＫの大河ドラマなどを見たりするのが早い。2022年放送の「鎌倉殿の13人」は三谷幸喜の脚本が中高年に注目された。ＥＳに書くと役員面接での評価は高いだろう。2024年の「光る君へ」は主人公の紫式部役に吉高由里子、藤原道長役に柄本佑を起用。平安中期が舞台の大河ドラマは48年ぶり。

戦後左翼史　団塊の世代、上司世代の多くは、多かれ少なかれ学生運動や労働運動への関わりがあったと思ってよい。新左翼セクト（＝分派）の分裂や合併、連合赤軍や日本赤軍によるテロ事件の数々（「山岳ベース事件」、「あさま山荘事件」〈NHKの「アナザーストーリーズ」などで放送〉、「テルアビブ・ロッド空港での乱射事件」など）についての基礎的な知識は、一般教養の部類に入るかもしれない（詳しくは、資料⑤自分史参考年表を参照）。

美術の話題

西洋画　多岐にわたる西洋画では趣味が他人と合致することはまれだが、日本人が相対的に好んで購入する、あるいは見学する画家は、ダ・ヴィンチ、ミケランジェロ、レンブラント、フェルメール、マネ、セザンヌ、モネ、ルノワール、ゴーギャン、ゴッホ、マティス、ミロなど。博物館巡りが趣味、という人も多い。絵そのものには詳しくなくとも、博物館や美術館そのものに愛着を感じるマニアも多い。

日本画　近代以前のものから西洋画の影響を受けた後の現代まで多岐にわたる。画家は、水墨画の雪舟から始まり、長谷川等伯、狩野永徳ら狩野一門、俵屋宗達、川合玉堂、下村観山、田中一村など。黒田清輝、岸田劉生など明治以降の洋画家も、一般教養として知っておきたい。

彫刻　絵画などよりも知名度や普及は低いが、彫刻が好きな人もいる。彫刻だけでなく、各地に立つ偉人の彫刻や銅像などを巡るのが好きな人も存在する。

器　焼き物や塗り物などは、日本の伝統技術としても幅広い種類が存在する。土地によって使う土や窯の形状が異なり、個性豊かな陶器が作られている。陶芸は、趣味の１つとして多くの人が楽しんでいる。また、名のある陶芸家の骨董品を探し求める人もいる。テレビ東京系列の番組「開運！なんでも鑑定団」などを見れば、収集家の多さがわかるだろう。朝鮮半島の青磁・白磁や西洋の陶磁器なども人気がある。

文学の話題　●●

戦前文学　日本文学、とくに明治以降の近代文学は、趣味としても教養としても話題になる場面が多く出てくるだろう。戦前の島崎藤村『破戒』、志賀直哉「網走まで」「小僧の神様」、夏目漱石の諸作など、一般教養として目を通しておくとよいだろう。志賀直哉「網走まで」などは短編も短編なので、すぐに読める。さらには「凝縮の美」という短編文学の日本語の巧みさ、美しさも読み取ることができるので、一読しておくことをお勧めしたい。明治・大正・昭和期の作家として、ほかには、森鷗外・太宰治・芥川龍之介・武者小路実篤・田山花袋・井伏鱒二など。

戦後の時代小説　時代小説も、中高年世代にファンが多い。偉人・有名人を題材に、壮大な歴史物語をヒロイックに描く司馬遼太郎作品が好きな人もいれば、あまり名の知られていない、もしくはまったくの市井の人を主人公に、その人情・悲哀を描く藤沢周平作品を好む人もいる。

映画　邦画の名作は、中高年世代との会話に上る可能性が高い。例えば、小津安二郎監督の作品『東京物語』『お茶漬の味』『秋刀魚の味』、また黒澤明監督の作品『生きる』『七人の侍』などは、世界的にも評価が高い。また、山田洋次氏は作品数も多く、『男はつらいよ』（原作・監督）や『釣りバカ日誌』（脚本）など、人情ものの人気シリーズもある。2018年にカンヌ国際映画祭で最高賞をとった『万引き家族』や2020年のカンヌ映画祭で国際批評家連盟賞をとった『スパイの妻』も見ておきたい。洋画は、『カサブランカ』『シェーン』『大脱走』『ローマの休日』などの古典はもちろんのこと、『大統領の陰謀』『地獄の黙示録』『ショーシャンクの空に』『ボヘミアン・ラプソディ』などは観ておきたい。

音楽　音楽も、文学や映画同様に幅広いジャンルがあり、各人の好みは異なる。しかし、「NHK紅白歌合戦」を見た中高年がつぶやくように、現在のJ-POPといったジャンルの歌では、中高年層とはわかり合えないと思っていい。話題にできる可能性があるのは、ビートルズやプレスリー、クラプトンといった、日本の高度成長期に欧米から輸入された音楽、もしくはジャズやクラシックといった楽曲である。また、1960年代以降にはやったフォークソングに興味・知識があれば、中高年世代と話が通じる可能性もある。フォークソングには「花はどこへ行った」などの反戦歌も多く見られる。反戦歌の歴史などは、一般教養としても評価されるのではないか。

　自分史年表を作る際は、その年に起きた事件・事故や政治的な出来事と比較すると思い出しやすいものです。そこで、みなさんが生まれる少し前から現在までに起こった主な出来事と、太平洋戦争開戦からみなさんが生まれる前に起こった主な出来事に分けて、年表にしました。自分史を書く際の参考にしてください。

　また、戦後の主な事件や話題になった出来事は面接で聞かれることがあります。その対策にも活用してください。

　当然、ここに挙げたもの以外にも、重要な出来事があります。本やインターネットなどで調べ、自分に関係のある出来事は年表に書き加えておきましょう。

　179ページからの年表②は、親や祖父母がリアルタイムで体験した出来事です。年表を作るには親や祖父母への取材が必要です。その際に、当時のことを思い出してもらうきっかけとして活用してください。また、面接で聞かれることもあります。ひととおり目を通しておきましょう。

年表①みなさんが生まれる少し前から現在まで

平成13（2001）年
「えひめ丸」事故、森首相退陣。小泉純一郎内閣発足。9月11日、米国東部において同時多発テロ事件（日本人24人を含む約3000人が死亡）。

平成14（2002）年
サッカーW杯日韓大会。H－ⅡAロケット3・4号機打ち上げ。小泉首相、日本の首相として初めて北朝鮮を訪問。金正日総書記が日本人拉致を公式に認める。

平成15（2003）年
スペースシャトル・コロンビア号、帰還時に事故。日本郵政公社発足。

平成16（2004）年
アテネ五輪。男子体操団体で28年ぶりに優勝。野口みずきが女子マラソンで優勝。新潟県中越地震発生。

平成17（2005）年
JR宝塚線（福知山線）、尼崎で脱線事故（死者107人、戦後最大級の鉄道事故）。小泉純一郎が郵政民営化を公約した「郵政選挙」で圧勝。小泉チルドレン初当選。

平成18（2006）年
トリノ冬季五輪。荒川静香が女子フィギュアスケートで華麗なイナバウアーを披露、日本人初の優勝。第1次安倍晋三内閣発足。

平成19（2007）年
防衛庁が防衛省に移行。守屋武昌元防衛事務次官、収賄で逮捕。福田康夫内閣発足。

平成20（2008）年
ミャンマーにサイクロン、死者10万人超。中国四川省でM8の大地震。秋葉原で

通り魔殺人事件。宮﨑勤らに死刑執行。岩手・宮城内陸地震。北京五輪。サブプライムローン問題を発端にリーマン・ショック発生。麻生太郎内閣発足。

平成21（2009）年

バラク・オバマ、第44代アメリカ合衆国大統領に。H−ⅡA15号機打ち上げ。イラン、衛星打ち上げに成功。米ロの人工衛星が衝突。WBC第2回大会で、日本が2連覇。イラン大統領選挙。アルバニアとクロアチアがNATO加盟。第45回衆議院議員総選挙で民主党が308議席の歴史的圧勝。鳩山由紀夫内閣発足。

平成22（2010）年

ハイチ地震、死者約20万人。バンクーバー冬季五輪。サッカーW杯南アフリカ大会開催。中国で青海地震（死者約2700人）。上海万博。菅直人内閣発足。尖閣諸島付近で中国の漁船が、海上保安庁の巡視船に衝突。

平成23（2011）年

チュニジア・エジプトで独裁政権崩壊、周辺諸国にデモが飛び火。ニュージーランドのクライストチャーチで地震、日本人留学生ら多数犠牲に。東日本大震災、福島第一原発で爆発・放射能漏れ事故、関東などで計画停電。ウサマ・ビンラディン殺害。サッカー女子W杯ドイツ大会で日本代表が初優勝。タイで大水害、現地日本企業などに打撃。リビアのカダフィ殺害。北朝鮮の金正日死去。

平成24（2012）年

東京スカイツリー竣工。プーチン、第4代ロシア連邦大統領に。ロンドン五輪。尖閣諸島国有化。山中伸弥・京大教授、ノーベル生理学・医学賞受賞。第2次安倍晋三内閣発足。オランド、フランス大統領に。オバマ再選。

平成25（2013）年

アルジェリアでテロ事件、日揮関係の日本人10名殺害ほか、死傷者多数。ロシアのウラル地方で隕石落下。ローマ教皇ベネディクト16世退位。生前の自主退位は719年ぶり。第266代教皇にアルゼンチン出身のフランシスコが就任。アメリカ大陸出身者としてもイエズス会出身者としても初、欧州以外の地域出身者は約1300年ぶり。WBC第3回大会でドミニカ共和国が優勝、日本はベスト4。

平成26（2014）年

ロシア・ソチ冬季五輪。ロシアがクリミア半島へ軍事介入、EUとロシアの対立が続く。マレーシア航空機が南シナ海洋上で消息を絶つ。ウクライナで航空機撃墜など、航空機の事故・事件が続く。消費税が5％から8％に。サッカーW杯ブラジル大会。御嶽山噴火で死者58名、行方不明5名。

平成27（2015）年

ISILによる日本人誘拐・殺人事件。北陸新幹線、長野―金沢間開業。天皇・皇后、パラオ初訪問。公職選挙法改正案、可決成立。こうのとり5号機、打ち上げ成功。鬼怒川堤防決壊。

平成28（2016）年

ＴＰＰ協定署名。日銀がマイナス金利政策。中垣清介、アカデミー科学技術賞を受賞。小澤征爾、第58回グラミー賞でオペラ・レコーディング賞を受賞。北海道新幹線が函館まで開通。熊本地震発生。英国が国民投票でＥＵ離脱を決める。

平成29（2017）年

ドナルド・トランプ第45代米国大統領、TPPからの離脱を決定。大相撲１月場所で稀勢の里が優勝し、日本出身力士としては19年ぶりとなる横綱に昇進、３月場所でも優勝。東芝の原子力事業などの不正経理問題が発覚。「天皇の退位等に関する皇室典範特例法」が成立。将棋の藤井聡太四段（14歳）が公式戦29連勝の新記録を樹立。桐生祥秀、陸上100m走で日本人初の9秒台（9秒98）。

平成30（2018）年

平昌（韓国）で冬季五輪、日本は金４・銀５・銅４で過去最多のメダル獲得。大阪で「民泊殺人」、旅館業法での営業許可のない闇民泊が増加、社会問題に。板門店で文在寅・韓国大統領と金正恩・朝鮮労働党委員長が史上3度目の南北首脳会談。シンガポールで史上初の米朝首脳会談。平成30年7月豪雨（西日本豪雨）。オウム真理教事件、松本智津夫ら7人に死刑執行。北海道胆振東部地震。

平成31／令和元（2019）年

第125代天皇、平成31年４月30日に退位。元号が令和に。天皇の即位礼正殿の儀が行われる。米朝会談がハノイや板門店で行われるも実質的に決裂。神戸の市立小学校で教員同士のいじめ事件が発覚、翌年２月２人の教員が懲戒免職。台風19号が関東甲信東北を通過、千葉県や長野県で甚大な被害。

令和2（2020）年

英国、EUを離脱。中国から新型コロナウイルス感染症（COVID-19）が世界中に広がる。安倍首相は緊急事態宣言を発出。安倍首相辞任、菅義偉官房長官が後継に。

令和3（2021）年

菅義偉首相が２回目の緊急事態宣言。東京五輪が１年遅れで開催、過去最多の金メダルを獲得。菅首相辞任。岸田文雄が首相に。第46代米国大統領に民主党のジョー・バイデンが就任。副大統領のカマラ・ハリスは女性初。

令和4（2022）年

北京冬季五輪、平野歩夢などが活躍。ロシアのウクライナ侵攻や急激な円安で物価上昇。安倍元首相が奈良で遊説中に射殺される。容疑者の供述が社会問題に。

令和5（2023）年

政府が新型コロナウイルス感染症の５類への分類を発表、観光需要が戻る。インバウンド需要も復活の兆し。食品や電力料金の大幅値上げで、家庭に打撃。車椅子テニスの国枝慎吾選手が引退、岸田首相が国民栄誉賞を授与。パラ競技での栄誉賞は初めて。WBC第５回大会で、日本が14年ぶり３度目の優勝。大谷翔平が大会MVP。

令和6（2024）年

元日に能登半島でマグニチュード7.6、最大震度7の地震が発生（令和6年能登半島地震）、死者200名以上、インフラ崩壊など甚大な被害。台湾総統選挙、民進党の頼清徳が当選。ロシア大統領選挙。米国大統領選挙。日本銀行券（千円、五千円、一万円）刷新。北陸新幹線、敦賀駅まで延伸。パリ五輪。

●重要と思われる出来事や自分に関係のある出来事を書き加えておこう。

年表②太平洋戦争開戦から平成12年まで

昭和16 (1941) 年
日本軍、ハワイ真珠湾奇襲攻撃・英領シンガポール攻撃など、太平洋戦争に突入。

昭和20 (1945) 年
硫黄島で約2万人、沖縄での地上戦で約19万人の軍人や民間人が犠牲となる。米軍も多数の死傷者を出す。米トルーマン大統領、原爆投下を決断。8月6日広島、同9日長崎に投下。同15日、日本、連合軍に対して無条件降伏。東久邇宮稔彦王内閣発足するも、54日で総辞職。幣原喜重郎内閣発足。

昭和21 (1946) 年
第1次吉田茂内閣発足。

昭和22 (1947) 年
社会党・民主党などの連立で片山哲内閣発足。日本国憲法施行。

昭和23 (1948) 年
3月に芦田均内閣発足するも、昭和電工疑獄で総辞職。第2次吉田茂内閣発足。戦後初のオリンピックがロンドンで開催。

昭和24 (1949) 年
中国共産党が国民党との内戦に勝利、中華人民共和国が成立。国民党は台湾に逃亡。湯川秀樹、日本人初のノーベル物理学賞受賞。

昭和25 (1950) 年
北朝鮮が38度線全域で一斉に砲撃開始、朝鮮戦争勃発（1953年に休戦）。

昭和26 (1951) 年
サンフランシスコ条約調印。日本、西側との単独講和で国際社会に復帰。

昭和27 (1952) 年
ヘルシンキ（フィンランド）五輪、日本が戦後初の参加。手塚治虫の漫画『鉄腕アトム』連載スタート。

昭和28 (1953) 年
小津安二郎監督『東京物語』。水俣病患者第1号。奄美諸島、日本に復帰。

昭和29 (1954) 年
第五福竜丸、アメリカの水爆実験（ビキニ環礁）により被爆（被曝）。ホーチミン軍、ベトナム北部ディエンビエンフーで仏正規軍を撃破。ベトナムは南北に分裂し、以降、米が南を支援、ベトナム戦争へ。黒澤明監督の『七人の侍』、溝口健二監督の『山椒大夫』がベネチア国際映画祭で銀獅子賞受賞。巨大怪獣映画『ゴジラ』、『二十四の瞳』など、日本映画は黄金時代に。

昭和30 (1955) 年
自由党と日本民主党が保守合同して自由民主党を結党、左右社会党も再統一、日本共産党も野坂・宮本体制の下で議会主義に転換し、いわゆる「55年体制」に。NHKがテレビにより衆議院選挙の開票速報を初めて実施。

昭和31（1956）年

メルボルン（オーストラリア）五輪。『週刊新潮』創刊、この後週刊誌ブームに。石橋湛山内閣発足（翌年2月に病気で辞任）。

昭和32（1957）年

岸信介内閣発足。王貞治の早稲田実業が選抜高校野球大会で優勝、紫紺の優勝旗が戦後初めて箱根を越える。長嶋茂雄の立教大学が東京六大学野球で4度目の優勝。ソ連、人工衛星スプートニク1号の打ち上げに成功。全米がパニックに。

昭和34（1959）年

皇太子明仁親王、正田美智子さんと結婚。キューバ革命成就、チェ・ゲバラ来日。伊勢湾台風で約4700人の死者、被害家屋57万戸。『週刊少年マガジン』『週刊少年サンデー』創刊。「鉄腕アトム」実写版放送（アニメ化は1963年）。

昭和35（1960）年

60年安保。岸信介首相退陣。池田勇人内閣発足。日本社会党の浅沼稲次郎委員長、日比谷公会堂で17歳の右翼少年に刺殺される。その写真で毎日新聞の写真記者が日本人として初のピューリッツァー賞に。

昭和36（1961）年

ソ連、初の有人宇宙飛行に成功。ガガーリン少佐の「地球は青かった」が流行語に。黒澤明監督『用心棒』公開。

昭和37（1962）年

キューバ危機、危うく米ソの全面核戦争に。勝新太郎（中村玉緒の夫）主演の映画『座頭市物語』がヒット。国産旅客機YS-11初飛行。

昭和38（1963）年

11月9日、福岡の三井三池炭鉱の三川坑で炭じん爆発事故、458人死亡。今も一酸化炭素中毒患者がいる。同日、国鉄東海道線の横浜・鶴見で多重衝突事故、161人死亡（戦後最大の鉄道事故）。米ケネディ大統領、ダラスで暗殺される。ジョンソン副大統領が自動的に大統領に昇格。

昭和39（1964）年

東海道新幹線開業。名神高速道路や首都高速開通。東京オリンピック開催、「東洋の魔女」の女子バレーボールや体操男子団体総合優勝など、金16・銀5・銅8で米ソに続き金メダル数が3位に。佐藤榮作内閣発足。『平凡パンチ』創刊（平凡出版、現・マガジンハウス）。

昭和40（1965）年

米軍、北ベトナムへの爆撃（北爆）を開始。ソ連の宇宙飛行士アレクセイ・レオーノフ、人類初の宇宙遊泳。「ベトナムに平和を！ 市民文化団体連合」（ベ平連）結成。日韓基本条約締結。朝永振一郎、ノーベル物理学賞受賞。

昭和41（1966）年

ソ連、無人月面探査機ルナ9号で世界初の月面軟着陸に成功。日本の総人口が1億人を突破。「笑点」放送開始。中国で文化大革命（1976年に終結）。ビートルズ来日。「ウルトラマン」放送開始。黒い霧事件。

昭和42（1967）年

初の「建国記念の日」。ソ連の有人宇宙船ソユーズ１号、地球帰還時に着陸失敗、宇宙飛行士ウラジミール・コマロフが死亡（史上初の死亡事故）。モントリオール万博。第三次中東戦争。ASEAN結成。ツイッギー来日、ミニスカートがブームに。

昭和43（1968）年

東大闘争（山本義隆議長）、日大闘争（秋田明大議長）から翌年にかけて全国の大学に大学闘争が波及。パリ5月革命。三億円事件（東芝府中工場に賞与を運んでいた現金輸送車が偽白バイの男により強奪された。当時は、給与・賞与は現金支給だった。1975年に時効が成立、未検挙事件に）。永山事件（網走生まれの永山則夫（19）が4人を連続射殺、翌年逮捕。獄中で執筆した『無知の涙』がベストセラーとなり、遺族に印税を支払って話題に。1990年最高裁で死刑確定、このときの判例が「永山基準」として死刑判決を決める際の根拠となる）。小笠原諸島、日本に返還。10・21国際反戦デーに、新宿駅で学生・労働者が騒乱、一時占拠。東京五輪マラソン3位の円谷幸吉が自殺。メキシコ五輪（日本はマラソンで君原健二が銀、サッカーが銅）開催。米大統領の民主党予備選挙中にR・ケネディ暗殺、本選では共和党のニクソンが勝利。

昭和44（1969）年

奥崎謙三、天皇の新春一般参賀でパチンコ玉を撃つ。映画『男はつらいよ』シリーズが始まる（渥美清主演、山田洋次監督）。米宇宙船アポロ11号、人類初の月面有人着陸に成功。

昭和45（1970）年

70年安保。前年から学生紛争激化。よど号事件（赤軍派学生9人がJALよど号を乗っ取り、北朝鮮へ）。大阪万博開催。『an・an』創刊。沖縄でコザ（現・沖縄市）騒動。

昭和46（1971）年

多摩ニュータウン入居開始。「仮面ライダー」シリーズ放映開始。ソ連、サリュート１号打ち上げ（世界初の宇宙ステーション）。日本マクドナルド１号店（銀座店）開店。中国、国連加盟。アラブ首長国連邦、建国。

昭和47（1972）年

札幌で冬季五輪開催。沖縄、日本に返還。田中角榮内閣発足。日中国交回復。連合赤軍によりあさま山荘事件。テルアビブ・ロッド空港乱射事件（日本赤軍の岡本公三ら3人がイスラエルのロッド空港で自動小銃を乱射、26人死亡。岡本は1985年に捕虜交換で釈放）。早大で川口君内ゲバ殺人事件。横井庄一・元軍曹、グアムで発見、帰国（「恥ずかしながら帰って参りました」が流行語に）。ミュンヘン五輪開催、「月面宙返り」で男子体操鉄棒の塚原光男が金。

昭和48（1973）年

第4次中東戦争の影響で第1次オイルショック、トイレットペーパー騒動。ストに怒った通勤客が国鉄新宿駅などで打ち壊し（国電暴動）。金大中氏、東京で韓国KCIAに拉致される。ハイセイコー10連勝。川上哲治監督の巨人がV9。ちばてつや『あしたのジョー』がヒット。江崎玲於奈、ノーベル物理学賞受賞。

昭和49（1974）年

三菱重工本社ビル爆破事件（過激派による犯行。平日昼休みの東京・丸の内で爆発。8人死亡、376人重軽傷）。金権政治批判で田中首相辞任、三木武夫内閣発足。小野田寛郎元少尉フィリピンで発見され、「元上官」命令で帰還。

昭和50（1975）年

サイゴン陥落でベトナム戦争終結、アメリカ初の敗戦。日本赤軍クアラルンプール事件。室蘭本線で最後のSL旅客列車。広島東洋カープが創設26年目の初優勝。

昭和51（1976）年

ロッキード事件で田中前首相逮捕、三木首相辞任。福田赳夫内閣発足。モントリオール五輪開催。

昭和52（1977）年

日本赤軍によるダッカ日航機ハイジャック事件、勾留中の6人と約16億円強奪。

昭和53（1978）年

大平正芳内閣発足。靖国神社、東條英機らA級戦犯を合祀、富田メモ「天皇がご不快感を示された」。法政大・江川卓、巨人入団（「空白の1日」）。成田空港開港。

昭和54（1979）年

ソニー、ウォークマン発売、世界的なヒットに。朴正熙韓国大統領、KCIA部長に暗殺される（翌年、全斗煥が大統領に就任）。

昭和55（1980）年

大平首相急死、史上初の衆参同日選挙で自民党圧勝、鈴木善幸内閣発足。中国で胡耀邦が総書記になり、経済自由化、IMFに加盟。ニューヨークでジョン・レノン暗殺。山口百恵、三浦友和が結婚。リクルート、『とらばーゆ』創刊。ソ連のアフガニスタン侵攻で、西側諸国がモスクワ五輪をボイコット。日本の山下泰裕（柔道）、瀬古利彦（マラソン）は幻の「金メダル」に。

昭和56（1981）年

英国チャールズ皇太子、ダイアナ嬢と結婚。深川通り魔殺人事件、母子ら4人刺殺。北炭夕張新鉱でガス突出事故、93人死亡。福井謙一、ノーベル化学賞受賞。

昭和57（1982）年

中曽根康弘内閣発足。500円硬貨発行開始。

昭和58（1983）年

日本海中部地震、秋田などで津波で104人死亡。愛知県の戸塚ヨットスクールで3人死亡、2人行方不明になった事件が発覚。東京ディズニーランド開園。NHK連続テレビ小説「おしん」がブーム、驚異の視聴率60％に。

昭和59（1984）年

日経ダウ平均（現・日経平均）が1万円の大台に。グリコ・森永（かい人21面相）事件。『週刊文春』が「疑惑の銃弾」を連載（ロス疑惑事件。1985年に三浦和義氏逮捕、1994年東京地裁で無期懲役、その後最高裁で無罪。2008年にグアムで米警察に逮捕され、直後に自殺する）。『週刊少年ジャンプ』400万部突破。ロサンゼルス五輪開催。

昭和60（1985）年

日航ジャンボ機墜落事故（520人死亡、単独機事故では世界最悪。生存者は4人）。吉田義男監督の阪神が21年ぶりにリーグ優勝、初の日本一。

昭和62（1987）年

竹下登内閣発足。国鉄が民営化。JR東海など6つの旅客鉄道と1つの貨物鉄道に分割された。

昭和63（1988）年

リクルート事件（非上場会社リクルートコスモスの株を政・財・官界の多数に贈与）。ソウル五輪開催。消費税法成立、翌年から3％で実施。

昭和64／平成元（1989）年

昭和天皇崩御、元号は「平成」に。昭和の歌姫、美空ひばり死亡。海部俊樹内閣発足。女子高生コンクリート詰め殺人事件。宮﨑勤事件。坂本弁護士一家失踪。天安門事件。ベルリンの壁崩壊。バブル景気の終焉（翌年から崩壊）。

平成2（1990）年

本島等・長崎市長銃撃される。礼宮（現・秋篠宮）文仁親王、川嶋紀子さんと結婚。

平成3（1991）年

証券スキャンダル。雲仙普賢岳の噴火で死者行方不明者約40人。ソビエト社会主義共和国連邦が崩壊、ロシア連邦に。100歳姉妹のきんさんぎんさんブーム。

平成4（1992）年

佐川急便事件。米ロス暴動。ボスニア・ヘルツェゴビナ内戦。バルセロナ五輪。

平成5（1993）年

宮澤喜一首相衆院解散、細川護熙内閣が発足。皇太子徳仁親王、元外務省職員の小和田雅子さんと結婚。曙、外国人初の横綱に。北海道南西沖地震発生。

平成6（1994）年

羽田孜内閣の後、村山富市内閣（自民党・社会党・新党さきがけの連立政権）発足。大江健三郎、ノーベル文学賞受賞。愛知県西尾市中学生いじめ自殺事件。

平成7（1995）年

阪神・淡路大震災。地下鉄サリン事件 。

平成8（1996）年

前年末からパソコンのWindows95ブーム。アトランタ五輪。

平成9（1997）年

ポケモンショック（光過敏性発作）。年末に新進党解党、小沢一郎などが自由党に。

平成10（1998）年

小渕恵三内閣発足。長野冬季五輪。サッカーW杯フランス大会（日本初出場）。

平成11（1999）年

国旗国歌法成立・施行。通信傍受法成立（施行は翌年）。日米安保新ガイドライン法成立。光市母子殺害事件（広島高裁差し戻し審で2008年に死刑判決）。

平成12（2000）年

小渕首相急死、五人組の談合（青木幹雄・亀井静香・野中広務・村上正邦・森喜朗）で森喜朗内閣発足。シドニー五輪開催、高橋尚子が日本女子初のマラソン優勝。

■ 阪東恭一（ばんどう・きょういち）経済ジャーナリスト。元毎日新聞・朝日新聞記者

　1957年生まれ。早稲田大学第一文学部社会学科卒。新潮社に入社。週刊新潮編集部に編集者として5年在籍。1986年、毎日新聞社に入社、サンデー毎日記者、船橋支局に。さらに1988年、朝日新聞社に転職し、東京社会部の昭和天皇崩御取材班などを担当。その後、フリージャーナリストとして金融・経済問題で活躍。

　就職活動の指導としては、一橋大学、立正大学、東海大学、琉球大学、早稲田マスコミセミナーで講師を務めたあと、1992年に「阪東100本塾」を設立。2023年4月までに、内閣府（国家公務員）、JT、JTB、JR東日本、電通、三井住友銀行、三井物産、川崎重工業、鹿島建設、高砂熱学工業、NHK、TBS、MBS、ABC、朝日新聞社、読売新聞社、日本経済新聞社、共同通信、集英社、講談社、小学館、KADOKAWA、双葉社、新潮社、トムス・エンタテインメントなど人気企業に約1000名の内定者を出している。

講演依頼、入塾のお申し込みは：info@banzemi.jp　ホームページ：http://www.banzemi.jp/

■ 表紙デザイン　松倉浩
■ イラスト　西原宏史
■ 編集協力　knowm（和田士朗・大澤雄一）
■ 企画・編集　成美堂出版編集部（原田洋介・池田秀之）

本書に関する最新情報は、下記のURLをご覧ください。
https://www.seibidoshuppan.co.jp/support/

上記URLに記載されていない箇所で正誤についてお気づきの場合は、書名・発行日・質問事項・ページ数・氏名・郵便番号・住所・ファクシミリ番号を明記の上、**郵送またはファクシミリで成美堂出版**までお問い合わせください。
※**電話でのお問い合わせはお受けできません。**
※本書の正誤に関するご質問以外にはお答えできません。
※ご質問の到着確認後、10日前後で回答を普通郵便またはファクシミリで発送いたします。
※ご質問の受付期限は、2025年4月末までとさせていただきます。ご了承ください。

内定者が本当にやった究極の自己分析 '26年版

2024年5月20日発行

著　者　阪東恭一

発行者　深見公子

発行所　成美堂出版
　　　　〒162-8445　東京都新宿区新小川町1-7
　　　　電話(03)5206-8151　FAX(03)5206-8159

印　刷　株式会社フクイン

©Bando Kyouichi 2024 PRINTED IN JAPAN
ISBN978-4-415-23841-8
落丁・乱丁などの不良本はお取り替えします
定価は表紙に表示してあります